Drinques e comidinhas

TABLE

Drinques e comidinhas

Kay Plunkett-Hogge

Fotos de Kate Whitaker

PUBLIFOLHA

Para Fred,

meu chefe de bar, que sempre mexe comigo.

SUMÁRIO

INTRODUÇÃO

Gostaria de começar esclarecendo que **não sou bartender, embora conheça alguns.** Também não sou dona de bar, embora tenha estado em vários. Roubei as chaves do Formosa Cafe, em Los Angeles, dancei no Bamboo Bar, em Bancoc, me diverti muito no Frolic Room, em Los Angeles, caí para trás da banqueta no Cafe Odeon, em Nova York, e me comportei com retidão inglesa ao saborear o requintado Martíni do bar do hotel Claridge, em Londres... Por tudo isso, gosto de pensar que assimilei alguma coisa sobre drinques e petiscos – e nem tudo por osmose.

Se tem algo que aprendi é que tomar um drinque não precisa acontecer apenas quando se sai de casa. **Assim que a semana chega ao fim, nada como um Martíni para fechar o ciclo.** Fica melhor se for acompanhado de alguns petiscos e, mais ainda, saboreado ***na companhia de amigos.***

Sempre amei coquetéis, e essas festas marcaram a minha infância em Bancoc. Lembro que, quando criança, escalava a cômoda para espiar pela janela o burburinho lá fora. Eu observava minha mãe, glamorosa num vestido de seda, meu pai, elegante em mangas de camisa e calça justa, e outros casais rodopiando no terraço de terracota, saboreando drinques e petiscos. Eram momentos festivos, felizes e tão relaxantes que despertaram em mim o desejo por repetir **dias e noites alegres como aqueles**.

Neste livro, reuni drinques clássicos e algumas invenções minhas, além de uma seleção de petiscos **fáceis de preparar** e dicas que facilitam a organização de festas em casa. Afinal, só o som do gelo sendo batido, de preferência com um ritmo todo próprio, é suficiente para **fazer qualquer pessoa sorrir** – traz a promessa de conforto, de bons momentos, bons amigos e bons papos. ***Que tal um Martíni?***

O garfinho verde indica que na página mencionada está a receita do drinque ou da comidinha.

O garfinho vermelho informa que na página indicada há uma foto do drinque ou da comidinha.

Antes de começar

Uma boa festa pode ser planejada nos mínimos detalhes ou ser totalmente improvisada – tudo depende da ocasião. Selecionei algumas dicas para começar bem.

MONTE SEU BAR

Não é preciso gastar rios de dinheiro para montar um bar em casa: o mínimo necessário é algo para misturar os ingredientes do drinque e um copo para bebê-lo – já usei uma jarra de cafeteira elétrica para preparar um Martíni... Não é nada glamoroso, mas funciona. Mas existem alguns utensílios que podem facilitar sua vida.

1 COQUETELEIRA

Essa é uma questão de preferência. É possível optar por uma coqueteleira que se encaixe confortavelmente nas mãos e que tenha um fechamento perfeito (não há nada pior do que limpar uma mancha de Daiquiri no teto da cozinha, pode acreditar!). Ou escolher a Boston shaker, com base de metal e um *mixing glass* [copo de vidro] um pouco menor. Prefiro a coqueteleira toda de metal, conhecida como Cobbler shaker, com um *strainer* [coador] embutido. A minha rende de dois a três coquetéis por vez e se adapta direitinho às minhas mãos, que são pequenas. Há também a French shaker, que, como a Cobbler, é toda de metal, mas sem o *strainer*. Acho importante que ela seja de metal. Embora eu tenha algumas lindas de vidro, eu só as uso para decoração (ao lado da minha Cobbler shaker dos anos 1930 em formato de urso). A condutividade do metal gela o drinque mais rápido, com menos diluição.

2 STRAINER

Caso você não tenha a Cobbler shaker, esse tipo de coador é um item essencial, uma vez que, em geral, servimos o drinque direto nos copos. Os *strainers* estão disponíveis em tamanhos padronizados, para que se encaixem na maioria das coqueteleiras, e em grande parte das vezes são vendidos em conjunto com a coqueteleira e o dosador [ou *jigger*]. Procure comprar um de boa qualidade: os mais baratos podem ficar meio soltos na junção do cabo com a cabeça do *strainer* e causar pequenos cortes.

3 BAILARINA

Lembra uma colher de chá com o cabo bem longo e a extremidade grande e chata, que pode ser usada para triturar cubos de açúcar. É muito útil em um bar. Você provavelmente não necessita de uma, mas com toda a certeza vai precisar de...

4 SOCADOR

... um pilão de madeira alongado para extrair óleos de folhas, triturar açúcar em bitters e outras coisas. Para prensar folhas, em especial, a madeira é sempre melhor que o metal, por danificá-las menos, preservando sua integridade enquanto os óleos necessários ao drinque são extraídos. Numa emergência, caso não tenha um socador, use o cabo de uma colher de madeira.

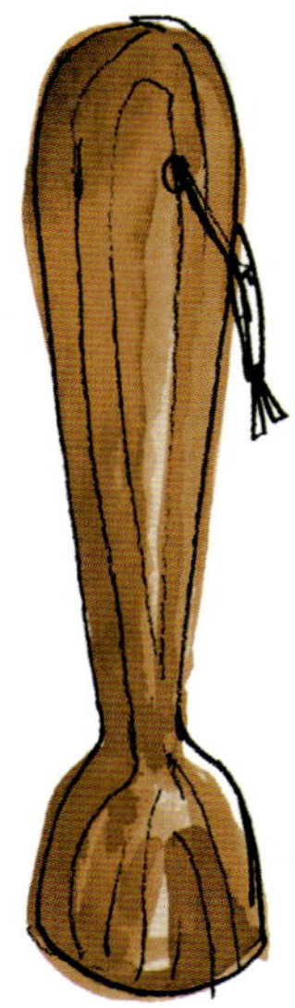

5 DOSADOR

Para que uma receita dê certo, nada é mais importante do que respeitar as medidas e as quantidades indicadas. No Reino Unido, as medidas para drinques baseiam-se no parâmetro estabelecido por lei para venda de destilados: a dose. Na Inglaterra e no País de Gales, uma dose simples corresponde a 25 ml, e uma dose dupla, a 50 ml, enquanto na Escócia esses valores são, respectivamente, de 35 ml e 70 ml. O dosador vendido nesses países, assim como as medidas, segue tal padrão. Nos Estados Unidos, a medida que se usa para drinques é a onça líquida (*fluid ounce*), que corresponde a aproximadamente 30 ml para uma dose simples e 60 ml para uma dupla. Na p. 22, listo coquetéis que seguem a proporção 1: 1: 2 ou similar e podem ser aumentados de acordo com ela. Na verdade, não importa a medida utilizada, contanto que seja apenas uma. Prefiro um dosador de vidro com as marcações tanto em mililitros quanto em onças líquidas.

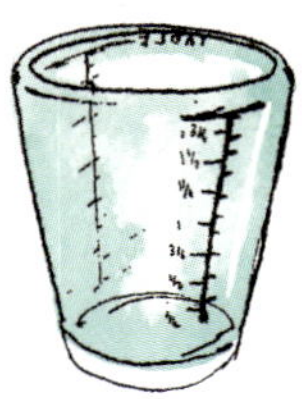

6 ESPREMEDOR

Se está planejando fazer Margaritas ou Daiquiris em uma festa, pode apostar que vai precisar de um espremedor elétrico, para poupar tempo e esforço. Depois, também pode aproveitá-lo para fazer suco de laranja ou grapefruit no café da manhã. Terá sucesso garantido!

7 LIQUIDIFICADOR

Há pouquíssimos drinques neste livro que demandam o uso de liquidificador, e, mesmo nesses casos, é possível prepará-los em uma coqueteleira. Entretanto, considero meu liquidificador indispensável. Um bom aparelho faz *frozen drinks*, sucos de frutas e muitas outras coisas. Além disso, é ótimo para preparar sopa – que, afinal, não deixa de ser um drinque quente e sem álcool!

8 PRETINHO BÁSICO

Ou um terno elegante. Obviamente.

DESTILADOS

Nem precisa dizer que, sem destilados, não há drinque – exceto pelos sem álcool das páginas 130 a 143. Neste livro, eu me esforcei para não dar preferência a determinadas marcas em detrimento de outras, mas em alguns casos as receitas precisam ser específicas. Por exemplo, um Zombie não será um Zombie sem Bacardi 151. Mas, em geral, leve os seguintes fatores em consideração ao comprar um destilado:

1 **Qualidade faz diferença**, embora exista quem afirme (erroneamente) que os drinques foram inventados para disfarçar as deficiências do álcool durante a Lei Seca. Compre o melhor que puder.

2 **Compre marcas de que goste.** Não me canso de repetir isso. As pessoas falam muitas besteiras a respeito de bebidas alcoólicas, especialmente sobre vinhos, mas há uma regra de ouro: se você gosta da bebida, ela é boa. Deixe os esnobes e os pedantes para lá. Não há grande diferença entre uma marca de vodca e outra – e qualquer uma pode ser aprimorada se filtrada com um coador de café de papel. Porém, quando falamos de gim, em particular, há tanta variação que é preciso experimentar

algumas marcas para descobrir qual é a favorita. Tenho uma queda pelo Beefeater e, para variar, pelo Plymouth e pelo Sipsmith, porém não há nada de errado com o Tanqueray, com o Hendricks, com o Bombay's Sapphire e com nenhum outro.

No caso do rum, é importante notar que, além da qualidade, os vários tipos têm sabores diversos. Assim como o rum branco e o âmbar são diferentes, os envelhecidos e os agrícolas também são distintos; vale a pena experimentá-los e escolher o seu predileto. É como as regiões produtoras de vinhos: países diferentes oferecem produtos diversos – e há muito a ser explorado.

Isso também vale para o uísque. Uísque de centeio e bourbon têm personalidades sutilmente diferentes, assim como o uísque escocês e o irlandês – nesse caso, até a grafia da palavra é diferente nos dois países, apesar da língua comum: *whisky* na Escócia e *whiskey* na Irlanda. Mas, embora a qualidade seja primordial em um drinque, é um crime misturar qualquer coisa com um bom malte – os que fazem isso podem sofrer consequências... Não diga que não avisei.

3 **Espaço.** A maioria das pessoas não tem espaço para armazenar muitas garrafas, então só compre bebidas para os drinques que vai preparar com frequência.

VERMUTE

Todo bar precisa de um vermute tinto e de um seco, dependendo dos drinques de sua preferência. Por ser um vinho fortificado, o vermute dura razoavelmente, mas se deteriora com o tempo, por isso guarde as garrafas abertas na geladeira. Meu vermute seco favorito é o Noilly Prat, e meu tinto predileto é o Martini. Também sou fã da série Cocchi di Torino, graças às características e ao aroma extraordinários. Experimente algumas marcas diferentes (de preferência em bares) para descobrir as que mais lhe agradam.

BITTERS

Os bitters elevam e distinguem um drinque. Em geral, são o ingrediente secreto que o torna fabuloso. Hoje, muitos bartenders preparam seus próprios bitters com ingredientes bastante diversificados. Você definitivamente precisa ter uma garrafa de Angostura em seu bar. Ela dura anos e é muito versátil. Se tiver espaço, uma garrafa de bitter de laranja também é bem-vinda, assim como uma do Peychaud's, de Nova Orleans. A fabricante The Bitter Truth, uma de minhas favoritas, tem um kit muito prático, com cinco garrafas, e o bitter de aipo que vem nele faz um excelente Bloody Mary.

GUARNIÇÃO DOS DRINQUES

A casca das frutas cítricas usada para fazer twist e guarnecer drinques não deve ser encerada. Conheço um bartender que prepara um Essence of Sex Wax*, mas, tirando esse caso, não vejo nenhum motivo para cera estar perto de um drinque. A cera pode ajudar na preservação de frutas cítricas, mas impede que a casca libere justamente o óleo que buscamos quando colocamos um twist no drinque. Falando nisso, para dar um toque de sofisticação, esprema esse óleo sobre um isqueiro ou fósforo aceso: ele queima e carameliza na chama, soltando um aroma maravilhoso, em especial num Old Fashioned.

Use uma faca afiada, ou uma *channel knife* [utensílio próprio para fazer twists], e uma tábua de corte para preparar todos os tipos de frutas, inclusive as cítricas. Mas, para ser honesta, quando estou sozinha, uso o descascador de legumes para fazer twists de limão ou laranja.

Cuidado com a qualidade das cerejas ao marasquino. Recomendo usar as feitas com fruta de verdade.

XAROPE DE AÇÚCAR

É possível comprar xarope de açúcar em garrafas, mas é muito simples prepará-lo em casa – e consideravelmente mais barato. Basta usar quantidades idênticas de água e açúcar refinado: 250 ml de água para 250 g de açúcar, por exemplo. Em uma panela, dissolva o açúcar completamente na água, em fogo baixo (o calor, a rigor, não é necessário; ele apenas acelera o processo). Deixe esfriar e guarde o xarope em um vidro esterilizado. Dura 1 mês na geladeira.

* Sex Wax® é uma marca de parafina para pranchas de surfe e também um drinque à base de rum. A autora aproveita para fazer um trocadilho com a palavra "wax"(cera).

BAR COM ESTILO

Não há desculpa para não ter **um bar charmoso**. O bar é o lugar perfeito para refletir seu bom gosto. Procure na internet, em bazares de instituições de caridade ou em mercados de pulgas copos, pratos, guardanapos e garfos para coquetel originais para customizar seu bar.

TAMANHO É DOCUMENTO...

... quando se trata de copos! Tenho certa obsessão por colecionar taças martíni pequenas que comportam de um a três goles. Assim, é possível sentir aquele geladinho gostoso do drinque antes que ele esquente. ***(Se você encontrar alguma taça dessas por aí, me avise!)***

Tenha o copo certo para cada drinque, pelo menos no que diz respeito a tamanho. Evite a todo custo aquelas taças ridículas de tão grandes. Elas só deveriam ser vendidas em lojas de presentes e usadas para guardar bolinhas de gude, peixinhos ou moedas... qualquer coisa, menos um drinque.

BATIDO × MEXIDO

Essa é uma questão de gelo. De gelo e de diluição, para ser mais específica. Ao bater um drinque, os cubos de gelo se quebram, dando origem a pequenos cristais que o diluem, equilibrando os sabores. Ao mexer um drinque, a diluição é bem menor.

Como o gelo sempre esfria e enfraquece um drinque (esfriar é bom, mas enfraquecer nem tanto), seguem alguns lembretes para obter o melhor de cada um:

1 Quanto mais gelo houver na coqueteleira, mais rápido o drinque esfriará, seja ele batido ou mexido, e menos diluição haverá. Com a coqueteleira, quanto mais gelo, melhor.

2 O tamanho do cubo de gelo faz diferença: quanto menor ele for, maior a superfície de área disponível para que derreta dentro do drinque. É por isso que muitos bartenders servem drinques como o Old Fashioned com um único e enorme cubo de gelo: para minimizar a diluição.

3 Com o tempo, o gelo absorve o gosto de outros produtos que estão no freezer. Por isso, garanta que o gelo a ser utilizado no drinque seja recente – não há nada pior que sentir um gostinho de comida no seu Gimlet.

Bater ou mexer dá a você o controle sobre a pungência do álcool em um drinque. Em um como o Martíni, é mera questão de preferência. Experimente prepará-lo das duas maneiras e descubra qual prefere. Contanto que esteja gelado!

COMIDINHAS

Todo bom drinque – assim como toda festa onde haja bons drinques – precisa de um acompanhamento saboroso: petiscos, tira-gostos, comidinhas... chame-os como quiser! Nas páginas 144 a 219 estão alguns dos meus preferidos: acompanhamentos que, descobri, meus convidados adoram e que por esse motivo não me privam da companhia deles por muito tempo.

Para ser honesta, você poderia ignorar toda a seção de receitas deste livro e correr para o mercado mais próximo para comprar uma maravilhosa seleção de queijos, frios e azeitonas. Talvez até um patê, uma torta ou algumas castanhas – eu não ficaria chateada com você. Um dos meus petiscos de bar favoritos é o amendoim servido dentro da casca no Chez Jay, em Santa Mônica, Califórnia. Vem em uma cestinha de plástico vermelha, aí é só abrir a casca e a jogar no chão. A dona do bar, Jay Fiondella, é famosa por ter persuadido o astronauta Alan Shepard a levar um amendoim para a Lua e voltar – o primeiro "amendonauta" do mundo! (Se estiver por perto, dê uma passada no bar e experimente uma das deliciosas Margaritas.)

A ARTE DE RECEBER

Uma boa festa deve ser uma diversão garantida – e não só para os convidados. Eis algumas dicas simples para ajudar as coisas a fluírem bem.

DRINQUES

Não importa quantas pessoas tenha convidado, sua casa não é um bar. Em seu armário não estão disponíveis todos os tipos de bebida que existem, por isso está fora de cogitação servir toda a gama de drinques. Ofereça algumas opções e, se desejar, também vinho e cerveja. Se a reunião for para um número grande de convidados – mais de vinte, na minha opinião –, uma boa ideia é escolher os que possam ser preparados antecipadamente em quantidades maiores.

PRODUÇÃO EM ESCALA

Muitas receitas de coquetéis podem ser reestruturadas de forma que se considerem seus ingredientes em termos de proporções em vez de medidas. Isso facilita servi-los em uma festa. A Margarita (p. 78), por exemplo, tem uma parte de suco de limão para uma parte de triple sec e duas de tequila (1: 1: 2). Assim, antes de os convidados chegarem, é possível adiantar um lote de coquetéis seguindo tais proporções, começando pelo ingrediente em menor quantidade – em

geral, o suco de limão. À medida que cada pessoa chegar, bata o drinque com gelo e sirva. Eis uma lista dos que podem ser produzidos em escala:

- Margarita (p. 78)
- Cosmopolitan (p. 51) – só adicione o dash de cranberry ao bater cada drinque
- Daiquiri clássico (p. 105)
- April Sour do Tom (p. 43)
- Fine and Dandy (p. 40)
- Ponche de rum clássico (p. 91)

COMIDINHAS

Nesse caso também é importante manter a simplicidade. Não esqueça que seus amigos querem estar com você, portanto não será agradável ficar o tempo todo na cozinha. Os petiscos devem ser substanciosos o bastante para que as pessoas não sejam TÃO afetadas pelos coquetéis. Também têm de combinar com a ocasião: se for uma noite em que todos ficarão em pé, precisam ser fáceis de segurar e não pingar na roupa das pessoas; se for uma festa menor ou um brunch, disponibilize pratinhos e garfos de coquetel – ah, como eu amo esses garfos! –, e os petiscos podem ser um pouco mais encorpados.

O importante é escolher os petiscos levando em conta o número de convidados. Quanto mais pessoas, mais simples eles devem ser. Se for uma reunião para somente oito pessoas, sirva algo mais elaborado. Se for uma festa para 28 convidados, ofereça algo simples de preparar. Portanto, selecione os petiscos de acordo com a quantidade de pessoas que vai receber.

QUANTO É SUFICIENTE?

A seguir, algumas dicas para calcular a quantidade de bebida e comida:

- Para vinho ou espumante, o padrão é meia garrafa por pessoa. Mas, como sempre tenho medo de que falte, considero três quartos de garrafa por convidado e sei que sobrará.
- Em geral, calculo dois ou três drinques por hora por convidado, mais um para dar sorte! Tenha em mente que a maioria das pessoas diminui o ritmo à medida que a festa avança.
- Sempre tenha à disposição bastante água com e sem gás e pelo menos uma bebida não alcoólica.
- Se a duração da festa for de duas horas, considere por pessoa 8-10 petiscos de três a cinco tipos diferentes.

- Para três horas, calcule por convidado 12-14 petiscos de seis a oito tipos diferentes.
- Para quatro horas ou mais... Bem, nesse caso, você pode fazer como meu pai e dizer: "O convite era para uns drinques, não para o café da manhã" e, em seguida, bater um sino anunciando que a festa acabou. Ou apenas sorrir e anunciar o fim da reunião.
- Se servir os drinques antes do jantar, 4-5 petiscos por pessoa são suficientes, do contrário não sobrará espaço para o jantar! Quando preparo uma refeição mais substanciosa para depois, ofereço com os coquetéis apenas Amêndoa salgada (p. 33) e Três shots de sopa (pp. 148-51).

PLANEJAMENTO

Esse é o item mais importante de todos: se você preparar tudo com antecedência, o dia da festa será bem mais tranquilo. Em primeiro lugar, você e seus convidados estarão mais relaxados. O problema é que muitos anfitriões ficam ansiosos, achando que não vão saber receber os convidados, mas não precisa ser assim, não é mesmo? Espera-se que todos os presentes sejam amigos e, por isso, o que pode dar errado?

Vamos preparar os coquetéis e esquecer as preocupações. Afinal, é uma festa!

ANTES, DURANTE E DEPOIS

Não estou aqui para ditar regras, mas selecionei algumas dicas que aponto como valiosas.

1 Leve em consideração quem está convidando e por quê. Uma festa de boas-vindas ao novo chefe é completamente diferente de outra para marcar o início do campeonato de futebol. São exemplos radicais, eu sei, mas você entendeu.

2 Não convide um casal que se separou e agora é inimigo, especialmente se foi um relacionamento curto. Isso também vale para alguém que – Deus me livre! – beba demais. Festas maiores costumam ter menos problemas, pois todo mundo acaba se misturando e interagindo sem grandes atritos.

3 A menos que pretenda contratar uma pessoa para ajudar, aconselho não chamar em casa mais de 25-30 convidados. O objetivo é divertir-se, não planejar um exercício militar!

4 Convoque familiares e amigos para auxiliá-lo: a maioria das pessoas adora ser útil.

5 Não importa a ocasião, chame as pessoas com antecedência. Não digo para mandar um convite em papel timbrado meses antes da festa – três semanas é o tempo ideal, até mesmo para organizar o evento. Se quiser pedir para os convidados usarem trajes específicos, faça com antecedência, para evitar constrangimentos. Também procure saber se algum deles tem restrições alimentares.

6 Os convidados irão de carro? Apesar de a sobriedade deles não ser (inteiramente) sua responsabilidade, acho simpático oferecer uma boa opção não alcoólica se souber que alguns terão que dirigir. Também tenha à mão telefones de serviços de táxi.

7 Avalie a necessidade de alugar pratos e copos. E, se possível, peça que a bebida seja entregue em casa, para economizar tempo.

8 *Ice, ice, baby...* Garanta que haja gelo, MUITO gelo! Deixe alguns baldes – ou banheiras de bebê – prontos para recebê-lo.

9 Decorar ou abrir espaço? Se convidou um número considerável de pessoas, cogite abrir espaço para a comida, para os drinques e para as pessoas dançarem e interagirem. Tire da vista tudo o que for frágil, muito valioso ou em estado precário. E tome cuidado com velas acesas no momento em que os drinques são servidos.

10 Deixe MUITO claro se existem áreas para fumantes e não fumantes.

11 Não há decoração melhor que flores frescas, espaço livre e um sorriso. Se vai oferecer Margarita e tacos, cores e estampas vivas dão um toque tropical. Mas evite "temas". Não é festa infantil.

12 Não esqueça que você é o ANFITRIÃO! Se os convidados já se conhecem, eles até podem se virar sozinhos. Mas, se esse não for o caso, apresente as pessoas umas às outras. É a única coisa que garante que elas vão se divertir – e é algo que muitos se esquecem de fazer. Se notar alguém sozinho em um canto enquanto está ocupado fritando arancini, peça a um amigo sociável para entrosá-lo com os demais.

Depois da festa: não fique lavando os copos até a manhã seguinte (PE-RI-GO!). Esse é um conselho da minha querida mãe!

Drinques

Chegamos ao prato principal – se é que se pode dizer isso de um drinque! Aqui você encontra do Americano ao Zombie. Escolha (e faça!) o seu.

GIM MARTÍNI

Segundo a escritora de gastronomia M. F. K. Fisher, o Martíni está para os Estados Unidos assim como a vodca está para a Rússia. Hemingway dizia que o Martíni o fazia sentir-se civilizado. Eu diria que o Martíni é, literal e figurativamente, o antídoto perfeito para um dia chuvoso – e, para citar Mae West, gosto de me livrar da roupa molhada e mergulhar em um Martíni seco. **Nenhum outro drinque inspira tantos comentários ou opiniões.** Mas, afinal, ele deve ser batido ou mexido? Deve ser de gim ou de vodca? E qual a dose certa de vermute?

Dentro do território do Martíni, devo informar que o descrito abaixo é mera e simplesmente apenas a minha opinião. Mas ela está certa. Então não discuta.

Batido ou mexido é uma questão de preferência. Prefiro o meu mexido até que fique gelado como o pé de um pinguim. Se o bater, vai quebrar os cubos de gelo e terá um drinque mais turvo e diluído. Acho que grande parte do charme do Martíni é sua aparência: translúcido como o gelo.

O Martíni é feito com gim. Vodka Martini, com vodca. E o Apple Martini [com licor de maçã] é uma abominação. Ponto final.

Guarnecê-lo com uma azeitona ou um twist de alguma fruta cítrica também é uma questão de preferência, ***mas o twist deve ser de limão-siciliano***. Se quiser que seja de limão-taiti, melhor pedir um Gimlet. A casca do limão-siciliano deve estar bem lavada. A azeitona deve ser bem verde e sem caroço. Se você gosta dele "sujo" – com um splash da conserva da azeitona –, suje-o o quanto desejar.

Amêndoa salgada
p. 33

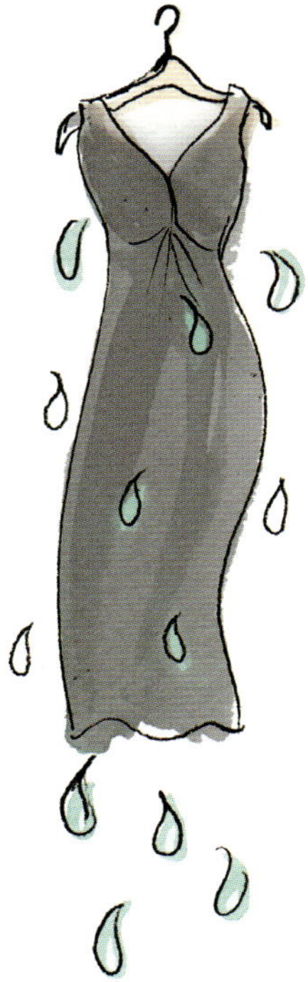

"Gosto de me livrar da roupa molhada e mergulhar em um Martíni seco."

MAE WEST

Não estou nem aí se Noel Coward achou que seria suficiente acenar com a coqueteleira na direção da Itália – **tem que ter vermute!** Você pode adicionar uma gota de vermute ao drinque com uma pipeta ou colocar o vermute no copo, girá-lo e descartá-lo (esse é o Bartender's Martini, servido no Frolic Room, em Los Angeles), ou fazer como Clark Gable em *Um amor de professora* e simplesmente molhar a rolha do vermute e esfregá-la na borda da taça martíni.

Ele é um drinque mexido: sem o vermute, é apenas um copo de gim gelado.

O gelo deve ser recente. Quanto mais tempo passar dentro do freezer, mais absorverá sabores residuais. O Martíni almeja a perfeição. Nunca a atingiremos, mas nascemos para tentar.

Faço o meu assim...

Encha uma coqueteleira de gelo. Adicione um oitavo de tampa de vermute seco (cerca de um quarto de 1 colher de chá). Gosto de Noilly Prat. Mexa bem para cobrir os cubos de gelo. Acrescente a medida de uma taça martini. Ou duas, ou três, dependendo de quantos quiser preparar, mas eu nunca faço mais que três de uma vez, porque o drinque se torna muito diluído antes de atingir a temperatura ideal. Mexa até que fique mais gelado que a alma de um político corrupto. Deixe descansar por 1-2 minutos enquanto espeta algumas azeitonas em um garfinho de drinque ou prepara um twist de limão-siciliano. Coe para dentro da taça, guarneça e sirva, de preferência com Amêndoa salgada (receita à direita).

Nota: Além do Martíni do 91a, quem faz o melhor Martíni é o eternamente jovem Manny Aguirre, do bar The Musso and Frank Grill, em Hollywood. Ele é o Merlin dos Martínis.

AMÊNDOA SALGADA

Se você não fizer absolutamente mais nada, esse aperitivo é suficiente. Não há nada como amêndoa salgada para acompanhar um Dry Martini. É simplesmente o paraíso.

200 g de amêndoa branqueada
½ colher (chá) de manteiga sem sal amolecida
sal marinho fino

Preaqueça o forno a 140°C. Coloque a amêndoa em uma assadeira e, com as mãos, cubra-a com manteiga.

Asse por 25-30 minutos, conferindo e sacudindo a assadeira de vez em quando, até que fique cor de mel.

Tire do forno e coloque sobre uma folha de papel-manteiga. Adicione bastante sal, dobre um pouco o papel e deixe esfriar. Coloque-a em uma tigela, salpique com o sal que ficou sobre o papel e sirva.

Nota: Veja outras receitas de castanhas na p. 179.

Veja a foto da receita
na p. 31

FLIP PARA FELICITY

Quando minha amiga e agente Felicity se casou, perguntamos o que gostaria de ganhar de presente. Ela respondeu: "Pode ser um drinque!". Ei-lo aqui.

O Flip é provavelmente o mais antigo dos drinques e um dos primeiros clássicos norte-americanos, unindo ovo com açúcar, um destilado e um condimento. Para torná-lo mais leve, trocamos a gema por limão. ***E, com esse toque de rosa inglesa, preciso dizer mais alguma coisa?***

50 ml de gim

25 ml de suco de limão-siciliano

1 clara

15 ml de xarope de açúcar (p. 17)

5 ml (1 colher de chá) de água de rosas

um dash generoso de Angostura

Despeje os ingredientes em uma coqueteleira. Bata bastante para emulsificar. Complete com gelo e bata até ficar bem gelado, depois coe para uma taça. Ele deve ficar com uma textura cremosa, um tom avermelhado e deliciosamente gelado.

Dica da Kay: Há muitos tipos de água de rosas, e aqui você vai precisar do tipo puro. Se só tiver do tipo concentrado, use apenas uma gota, do contrário o drinque ficará com gosto de manjar turco.

VESPER

Esse é o drinque clássico de James Bond que leva o nome de Vesper Lynd, a chique *femme fatale* de *Casino Royale* (quem me dera entrar naquele vestido de veludo preto "simples, mas com um toque de esplendor que apenas meia dúzia de estilistas ao redor do mundo consegue alcançar..."). No livro, o drinque é feito com gim, vodca e Kina Lillet, um vinho fortificado com um toque amargo de quinino. Nos anos 1980, a Lillet desenvolveu uma versão mais moderna desse vinho, o Lillet Blanc, que é menos amargo, e hoje alguns bartenders usam o Cocchi Aperitivo Americano para atingir o sabor original. ***Acho que esse amargor é o que dá o espírito bondiano.*** Batizar um drinque em homenagem a Vesper não ameniza a dor da traição, mas gosto de pensar que um James Bond mais velho possa pedir o drinque e se lembrar dela com um pouco mais de ternura.

60 ml de gim
20 ml de vodca
10 ml de Lillet Blanc ou Cocchi Aperitivo Americano
um twist generoso de limão-siciliano para guarnecer

Encha a coqueteleira de gelo e adicione o gim, a vodca e o Lillet Blanc. Bata vigorosamente até ficar bem gelado. Coe para uma taça martíni e guarneça com um longo e fino twist de limão.

Nota: James Bond recomenda o gim Gordon, mas prefiro algo com 40% de teor alcoólico.

"Quando estou concentrado", diz James Bond, "não gosto de tomar mais de um drinque antes do jantar. Mas gosto que ele seja bem grande, bem forte, bem gelado e muito bem preparado." Esse drinque é forte e provavelmente suficiente para dois pobres mortais desprovidos da resistência sobre-humana de Bond ao álcool.

COQUETÉIS DOS CINCO DISTRITOS DE NOVA YORK
Bronx
p. 37
Queens
p. 37
Manhattan
p. 62
Staten Island
p. 109
Brooklyn
p. 63

BRONX

Conta-se que esse drinque, um dos Coquetéis dos Cinco Distritos de Nova York, foi criado na Filadélfia, por volta de 1905, por Joseph Sormani, *restaurateur* nascido no Bronx. As proporções variam de receita para receita e vão desde partes iguais de gim e dos dois tipos de vermute, com apenas um dash de suco de laranja e bitter de laranja, até a versão mais seca que uso aqui. Há também a silver – com clara – e a gold – com gema. O importante é bater vigorosamente antes de adicionar o gelo, para emulsificar de maneira apropriada, e depois bater de novo.

15 ml de suco de laranja
10 ml (2 colheres de chá) de vermute tinto
10 ml (2 colheres de chá) de vermute seco
40 ml de gim
um twist de laranja, para guarnecer

Encha uma coqueteleira de gelo e adicione o suco de laranja, os vermutes e o gim. Bata até que fique bem gelado, coe para uma taça martíni e guarneça com o twist de laranja. Sirva imediatamente.

QUEENS

Esse é, ao que parece, um drinque genuíno de Harry Craddock. Pelo menos é o que diz Robert Vermeire, autor do livro *Cocktails: How to Mix Them*, publicado em 1922. Ele deve saber. Craddock foi seu contemporâneo e escreveu em 1930 *The Savoy Cocktail Book*, uma das bíblias da coquetelaria.

Como deveria ser, esse drinque é bastante semelhante ao Bronx, mas o suco de laranja é substituído por abacaxi.

½ fatia de abacaxi
20 ml de vermute tinto
20 ml de vermute seco
40 ml de gim

Esmague o abacaxi com um socador no fundo de uma coqueteleira. Encha a coqueteleira de gelo, em seguida adicione os dois vermutes e o gim. Bata bem e coe para uma taça de coquetel.

GIBSON

Há várias histórias sobre a origem do Gibson. Duas delas envolvem personagens homônimos, que supostamente pediram ao bartender que lhes servisse água na taça martíni com uma meia-lua de cebola para diferenciar seu drinque do Martíni alcoólico dos amigos. Uma terceira versão atesta que o Gibson – uma versão muito mais seca do Martíni que estava na moda antes da Segunda Guerra Mundial – trazia uma cebola para diferenciá-lo de seus colegas mais "vermutificados". Ao longo do tempo, **os Martínis foram se tornando cada vez mais secos**, mas a cebola do Gibson faz dele um drinque perfeito para um jantar, ***especialmente se acompanhar um filé malpassado***.

5 ml de vermute branco

60 ml de gim

1-3 cebolas pérola, para guarnecer

Encha uma coqueteleira de gelo e adicione o vermute. Mexa vigorosamente para cobrir o gelo e depois acrescente o gim. Mexa de novo. Quando estiver absurdamente gelado, coe para uma taça martíni e guarneça com a cebola.

Dica da Kay: Troque o gim por vodca e faça um Vodka Gibson.

Crisp de parmesão com carpaccio e rúcula
p. 214

FINE AND DANDY

Na minha opinião, o Fine and Dandy é um tesouro esquecido. **Ele é refrescante e sofisticado**, e sua coloração pêssego é um deleite para os olhos. No entanto, o mais intrigante a respeito dele é que não consigo encontrar sua origem. Mas como todo drinque precisa de uma história, aqui vai a minha.

Fine and Dandy foi um espetáculo de Kay Swift, a primeira mulher entre os compositores da Broadway, companheira de muitos anos do lendário George Gershwin. Sucesso absoluto, estreou em 1930, e sua música-tema, de mesmo nome, foi gravada por inúmeros cantores, de Charlie Parker a Barbra Streisand. Arrisco o palpite de que esse drinque tenha sido criado para homenagear o musical. Um parêntese: Kay Swift fugiu com um caubói de rodeio em 1939. ***É de garotas assim que eu gosto!***

20 ml de suco de limão-siciliano

20 ml de Cointreau

40 ml de gim

um dash de Angostura

Encha de gelo uma coqueteleira e adicione todos os ingredientes. Bata até que a mistura fique gelada e coe o drinque para uma taça martíni.

Dica da Kay: Algumas pessoas guarnecem esse drinque com uma cereja ao marasquino, mas acho que fica melhor sem. Com ou sem cereja, experimente saboreá-lo ao som de Peggy Lee.

Torresmo com alecrim e erva-doce
p. 216

FRENCH 75

Seria esse um coquetel de champanhe ou de gim? Para mim, é de gim, mas, de uma maneira ou de outra, diz-se que ele tem o mesmo efeito de um canhão French 75 mm, da artilharia francesa. Criado em 1915 por Harry MacElhone, do Harry's Bar, em Nova York, **não é para os fracos. Você foi avisado!**

- 40 ml de gim
- 20 ml de suco de limão-siciliano
- 10-20 ml de xarope de açúcar (p. 17)
- champanhe gelado, para cobrir
- um twist de limão-siciliano, para guarnecer

Encha uma coqueteleira de gelo e adicione o gim, o suco de limão e xarope de açúcar. Bata bem e coe o drinque para uma taça flute. Preencha com o champanhe e guarneça com um twist de limão.

APRIL SOUR DO TOM

A fragrância do coquetel do amigo Tom Williams evoca memórias da primavera e do início do verão ingleses com seu sabor cítrico e as notas de flor de sabugueiro e pepino. A clara confere um toque final de merengue de limão-siciliano.

- 50 ml de gim Hendrick's
- 25 ml de suco de limão-siciliano
- 25 ml de cordial de flor de sabugueiro*
- um dash de clara
- 1 rodela fina de pepino, para guarnecer

Despeje o gim, o suco de limão-siciliano, o cordial de flor de sabugueiro e a clara em uma coqueteleira e bata até emulsificar. Complete com gelo e continue batendo até ficar bem gelado. Coe para uma taça e disponha o pepino no topo, como se fosse uma boia.

* Cordial é uma bebida adocicada com aparência semelhante à de um licor. O de flor de sabugueiro não está disponível no Brasil. Uma alternativa é o licor de flor de sabugueiro, lembrando que este é alcoólico, diferentemente do cordial, e não tem a mesma acidez.

NEGRONI

Reza a lenda que o drinque foi criado em Florença pelo conde Negroni, que teria pedido ao bartender do Hotel Baglioni que deixasse seu Americano mais forte adicionando uma dose de gim. Orson Welles foi um dos primeiros norte-americanos a escrever sobre ele: "O amargo é excelente para o fígado, e o gim faz mal; uma coisa compensa a outra", e James Bond pede um no conto "Risico". Portanto, ele é endossado por quem entende do assunto.

20 ml de gim

20 ml de Campari

20 ml de vermute tinto

1 fatia ou um twist de laranja, para guarnecer

Despeje o gim, o Campari e o vermute tinto sobre 3-4 cubos de gelo em um copo tumbler. Mexa até que fique bem gelado. Guarneça com uma fatia ou twist de laranja, preferencialmente sanguínea.

Dica da Kay: Se trocar o gim por Prosecco, você obterá um Negroni Sbagliato (ou Negroni errado).

GIMLET

Tenho certeza de que algumas pessoas chamam esse drinque de "Martíni de Limão", mas não vamos entrar no assunto. **Esse é um dos clássicos.** O Hotel Savoy, em Londres, oferecia duas versões de Gimlet: uma com partes iguais de gim e limão-taiti, outra com duas partes de gim para uma de limão-taiti. Na primeira, o limão vinha do cordial de limão-taiti Rose's Lime; na segunda, usava-se suco de limão-taiti. A minha versão mistura as duas receitas.

50 ml de gim
5 ml de cordial de limão-taiti*
um twist de limão-taiti, para guarnecer

Encha uma coqueteleira de gelo e adicione o gim e o cordial de limão-taiti. Mexa vigorosamente. Coe para uma taça martíni e guarneça com o twist de limão.

* Não há cordial de limão-taiti à venda no Brasil, mas seu preparo é simples. Em uma panela, adicione água, suco de limão-taiti peneirado e açúcar na proporção de 2: 2: 4, respectivamente, e leve ao fogo baixo. Acrescente a casca ralada do limão utilizado e mexa até reduzir pela metade. Deixe esfriar e adicione mais uma parte do suco de limão. Guarde em uma garrafa higienizada.

FIZZ E COLLINS

O Fizz, o Collins e o Sour estão intimamente ligados. Todos envolvem uma mistura de suco de limão-siciliano, açúcar e destilado; depois disso as receitas variam. Em essência, o Fizz é um Sour batido e coberto por água com gás. O Collins é um Sour mexido... também coberto por água com gás. Alguma diferença? Gerações e gerações de bartenders dizem que sim. ***Para mim, ambos são igualmente refrescantes em uma noite quente de verão.***

GIN FIZZ

25 ml de suco de limão-siciliano
50 ml de gim
10 ml de xarope de açúcar (p. 17)
água gaseificada gelada, para cobrir

Encha uma coqueteleira de gelo e despeje o suco de limão-siciliano, o gim e o xarope de açúcar. Bata bastante, até que a mistura fique bem gelada. Coe para um copo highball cheio de gelo e cubra com água gaseificada.

Variações: Você pode substituir o gim por uísque de centeio ou bourbon, ou ainda pelo gim de abrunho do Nick Cuthbert (p. 115). Também pode trocar o suco de limão-siciliano por suco de limão--meyer, levemente mais doce, e fazer um Meyer Lemon Fizz.

TOM COLLINS

Tenho um apreço especial ao Tom Collins, pois foi graças a esse drinque, a bordo do navio *Oriana* e sob o céu estrelado de Mumbai, que deixei de ser apenas um brilho nos olhos da mamãe...

25 ml de suco de limão-siciliano
50 ml de gim
10 ml de xarope de açúcar (p. 17)
água gaseificada gelada, para cobrir

Para guarnecer:
1 fatia de limão-siciliano
1 cereja ao marasquino

Encha um copo collins de gelo e adicione o suco de limão-siciliano, o gim e o xarope de açúcar. Mexa bem e complete com água gaseificada. Guarneça com uma fatia de limão-siciliano e uma cereja ao marasquino e sirva.

Variações: O gim é o que torna esse drinque um Tom Collins; portanto, trocando-se a bebida, troca-se o nome do drinque. Você não ficará surpreso ao descobrir que não há consenso para esses nomes, por isso aí vão algumas opções.

Vodca	Joe Collins, Vodca Collins ou Comrade Collins [Camarada Collins]
Bourbon	Colonel Collins [Coronel Collins] e, às vezes, John Collins
Whiskey irlandês	Michael Collins (mas, se você trocar o xarope de açúcar por Grenadine, tem-se um Kevin Collins)
Whisky escocês	Sandy Collins ou Jock Collins
Conhaque	Pierre Collins
Calvados	Jack Collins, por causa de Applejack [aguardente de cidra norte-americana]
Tequila	Juan, Pepito, Ruben ou José Collins, com variações
Pisco	Pisco Collins, ou, às vezes, Phil Collins, em homenagem ao cantor. *Can you feel it coming in the air tonight?*

VODCA

VODCA E SUCOS

Quantas vezes você já viu alguém pedir vodca com laranja em um bar? Poderiam ter pedido um Screwdriver. Embora não se pareçam com coquetéis, são drinques mistos, e a maior parte das combinações de vodca e suco tem nome. E, caso não tenha, você sempre pode inventar um, o que torna tudo mais divertido. Aqui estão quatro das minhas combinações favoritas.

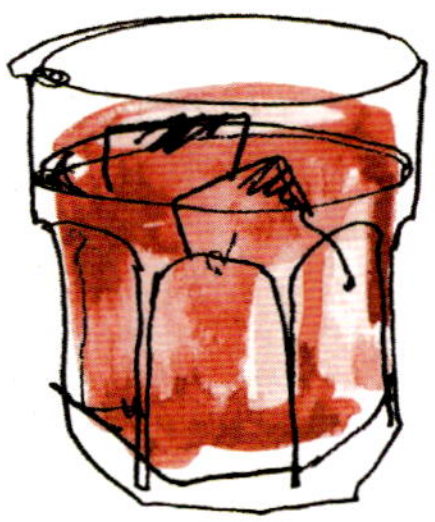

SEABREEZE

Encha um copo com gelo. Adicione 30 ml de vodca e complete com suco de cranberry.

GREYHOUND

Encha um copo com gelo. Acrescente 30 ml de vodca e complete com suco de grapefruit.

SALTY DOG

Esfregue a borda de um copo com um pedaço de limão-taiti ou grapefruit recém-cortado e cubra-a com sal marinho. Encha o copo com gelo. Adicione 30 ml de vodca e complete com suco de grapefruit.

E, obviamente, o Bloody Mary... O que seria de nós sem ele? Gosto tanto desse drinque que dediquei uma seção inteira a ele: Bloody Mary à sua escolha (pp. 54-6).

SCREWDRIVER

Encha um copo com gelo.
Adicione 30 ml de vodca e complete
com suco de laranja.

TUCCI DE CLASSE

Para criar um drinque em homenagem ao magnífico ator Stanley Tucci, eu sabia que tinha de combinar um pouco da sofisticação de Nova York – que, afinal, é a cidade do centro do mundo – com um toque de tradição italiana. **Para tanto, o que poderia ser mais sofisticado do que dar um toque especial ao Negroni?** E o que poderia ser mais tradicional do que uma clássica bebida italiana?

20 ml de vodca
20 ml de Cynar
20 ml de triple sec
2-4 gotas de bitter de laranja
1 fatia de laranja, para guarnecer

Encha um copo com cubos de gelo grandes. Adicione a vodca, o Cynar e o triple sec e misture-os até que fiquem bem gelados. Coloque, então, o bitter de laranja. Guarneça com uma fatia de laranja e sirva. Com estilo.

COSMOPOLITAN

Há um mal-entendido com relação ao Cosmopolitan: as pessoas pensam que, por ser rosa, esse drinque deveria ser doce. **De preferência, um bom Cosmopolitan deve ser bem azedo e ter um retrogosto doce.** Esse drinque foi reinventado pelo lendário Toby Cecchini – que já foi dono do também lendário bar Passerby – quando trabalhava no Cafe Odeon, em Nova York (um de meus favoritos) no fim dos anos 1980. Se algum drinque já conquistou alguma cidade, foi o Cosmopolitan. ***Com todo o mérito.***

25 ml de vodca
25 ml de triple sec
20 ml de suco de limão-taiti
um splash de suco de cranberry (apenas para colorir o drinque)
um twist de limão, para guarnecer

Encha uma coqueteleira com gelo. Adicione os ingredientes líquidos e bata bastante. Despeje em uma taça martíni gelada e guarneça com um twist grosso de limão.

GLENEAGLES

Ele tem esse nome em homenagem ao Gleneagles, bar de pescadores totalmente despretensioso que serve apenas um drinque, mas tem uma vista de tirar o fôlego para o porto Mgarr, na ilha de Gozo, no Mediterrâneo. Para capturar os sabores da ilha de Calipso em um drinque, imagino que uma boa pedida seja uma mistura de laranja com ervas da região. Que tal uma infusão de vodca, um pouco de Campari – que, afinal, tem sua base em uma laranja amarga – e Aperol! *Oh, yes!*

40 ml de vodca infusionada (ver abaixo)
10 ml de Campari
10 ml de Aperol
um dash de suco de laranja
um dash de bitter de laranja
um twist de limão-siciliano, para guarnecer

Vodca infusionada:
1 tira de 14 cm de casca de laranja
1 ramo de tomilho
7 folhas de manjericão
350 ml de vodca

MOSCOW MULE

Todo drinque feito com um destilado, suco e ginger ale ou gengibirra tecnicamente recebe o nome de "buck", que em inglês quer dizer "coice", talvez porque ele seja bem isso mesmo. Acredita-se que o Moscow Mule [mula de Moscou] tenha sido inventado no Cock'n'Bull, um bar em Sunset Strip, Hollywood, com temática britânica, pelo proprietário Jack Morgan no início da década de 1940. **Se desejar, substitua a vodca por bourbon e faça um Kentucky Mule** [mula de Kentucky]. Ambos têm o mesmo efeito!

30 ml de suco de limão-taiti

60 ml de vodca

90 ml de gengibirra gelada

Encha um copo com gelo e despeje o suco de limão e a vodca. Misture-os e adicione a gengibirra.

Nota: Esse drinque era originalmente servido em canecas de cobre. Se conseguir encontrar uma, experimente dessa maneira!

Para fazer a infusão de vodca, remova a casca da laranja com muito cuidado para não pegar a parte branca. Coloque a casca e as ervas em uma garrafa de vodca, lacre-a e leve-a à geladeira ou a um lugar frio e escuro por 6-12 horas, chacoalhando-a de vez em quando. Use um coador de chá para passar a infusão para uma garrafa limpa e esterilizada.

Para fazer o drinque, coloque todos os ingredientes em uma coqueteleira cheia de gelo. Feche-a bem e bata vigorosamente. Coe para um copo de coquetel e guarneça com o twist de limão-siciliano.

BLOODY MARY À SUA ESCOLHA

As manhãs de domingo não são as mesmas sem os jornais, **um longo brunch com os amigos** e um Bloody Mary gelado e bem temperado. Prepare a receita clássica e deixe cada convidado personalizar seu próprio drinque usando as opções abaixo – ou todas elas juntas!

60 ml de vodca

sal com aipo e pimenta-do-reino moída na hora

½ colher (chá) de raiz-forte ralada

tabasco

molho inglês

1 cunha de limão-taiti

suco de tomate gelado, para completar

Encha um copo highball com gelo. Adicione a vodca e tempere-a com uma boa pitada de sal com aipo e pimenta-do-reino. Em seguida, acrescente a raiz-forte e alguns dashes de tabasco e molho inglês – para mim, quanto mais, melhor. Esprema o limão e complete com o suco de tomate. Mexa e sirva.

Opções para o Bloody Mary

- Pimenta-malagueta em conserva espetada no palito
- Pepino em conserva cortado em quartos
- Ostras na meia-concha
- Aipo cortado em palito
- Cenoura longa e inteira
- Camarão cozido espetado no palito
- Azeitona recheada espetada no palito
- Bacon crocante cortado em tiras longas
- Uma seleção de molhos picantes

BULLSHOT DO FRANK PLUNKETT

Marylin Monroe disse uma vez sobre o Bullshot: "Que coisa mais terrível de se fazer com vodca!". Eu discordo – ele é surpreendentemente delicioso. Meu pai o preparava aos domingos usando consomê de carne enlatado con-ge-la-do! Sentávamos no terraço na ilha de Gozo e saboreávamos essa delícia gelada e salgada. Parece que o drinque foi inventado no Caucus Club, em Detroit, no início de década de 1950 – o que faz sentido, pois meu pai trabalhava na Ford e fazia muitas viagens a Michigan. Ao prepará-lo, meu pai era um tanto quanto purista: usava apenas vodca, consomê de carne e muita pimenta-do-reino. Mas **sinta-se à vontade para usar quaisquer dos opcionais abaixo**.

- 50 ml de vodca
- 90 ml de consomê de carne
- uma pitada de pimenta-do-reino moída na hora
- um pouco de suco de limão-siciliano
- alguns dashes de molho inglês (opcional)
- dois dashes de tabasco (opcional)
- uma pitada de pimenta-de-caiena (opcional)
- uma pitada de sal com aipo (opcional)

Despeje a vodca e o consomê em um copo e adicione os temperos. Mexa vigorosamente e complete o copo com gelo. Sirva imediatamente. Outra opção é misturar os ingredientes em uma caneca e completar com água fervente. É bom para esquentar!

BOURBON, UÍSQUE DE CENTEIO E UÍSQUE

SORTE GRANDE

Um coquetel vindo da minha imaginação, inspirado pelo *revival* do uísque de centeio. Gosto de pensar que foi a criação de um apostador beberrão que tirou a sorte grande e, para esbanjar, decidiu tornar seu drinque mais sofisticado, como **uma releitura do Coquetel de champanhe**. Um Prosecco funciona muito bem aqui, mas se você estiver realmente inspirado, pode usar champanhe.

1 cubo de açúcar

alguns dashes do Jerry Thomas' Own Decanter Bitters

20 ml de uísque de centeio*

Prosecco ou champanhe gelado, para completar

1 cereja ao marasquino, para guarnecer

Ponha o cubo de açúcar no fundo de uma taça – uma taça champanhe saucer seria perfeita! – e embeba-o em alguns dashes de bitter. Adicione o uísque de centeio e complete com Prosecco gelado. Guarneça com a cereja.

Nota: Se você gosta dele "sujo", acrescente um splash do marasquino.

Quem foi Jerry Thomas?

Jerry Thomas, também conhecido como "O Professor", é considerado o padrinho dos bartenders. Seu livro *How to Mix Drinks or The Bon-Vivant's Companion*, de 1862, foi o primeiro sobre coquetelaria. Não se sabe muito a respeito dele nem dos drinques que fazia: sua história é, no mínimo, obscura. Foi bartender, explorador de ouro e produtor de shows ao mesmo tempo. Devemos um pouco a ele sempre que saboreamos um coquetel.

* Se não encontrar no Brasil, uma alternativa é o bourbon Woodford Reserve, com notas evidentes de centeio.

Dica da Kay: O Jerry Thomas's Own Decanter Bitters é produzido pela empresa Bitter Truth.

MINT JULEP

Esse é um coquetel clássico do sul dos Estados Unidos, em especial, de Kentucky. Há variações conforme se desce em direção ao Golfo do México. Na versão da Geórgia, usa-se brandy com um dash de brandy de pêssego para deixá-lo mais equilibrado. As receitas anteriores à Guerra Civil recomendam que seja feito com conhaque. Preparei um recentemente com Moonshine (bourbon não envelhecido) e morango. Assim que estiver por dentro das variações, **sinta-se à vontade para brincar com os ingredientes**. E se encontrar uma varanda com um balanço para se sentar enquanto bebe, melhor ainda.

1 cubo de açúcar
alguns ramos de hortelã
60-80 ml de bourbon

Coloque o açúcar no fundo de um copo ou de uma xícara com 6 folhas de hortelã. Amasse-as para extrair a essência da hortelã. Encha o copo de gelo britado e adicione o bourbon. Mexa até que o copo fique completamente opaco pelo congelamento. Coloque mais gelo e mais alguns ramos de hortelã para guarnecer e sirva.

WHISKEY SOUR

Você pode fazer um Sour clássico utilizando qualquer destilado de acordo com as medidas abaixo. **O segredo é equilibrar o limão-siciliano e o açúcar** para alcançar a proporção que torna esse drinque realmente gostoso. Alguns tipos de limão são mais azedos que outros. Às vezes, gosto de preparar esse drinque com limão-meyer, quando consigo encontrá-lo. Quando não o encontro e quero dar o seu sabor ao drinque, substituo 5-10 ml (1-2 colheres de chá) de suco de limão-siciliano por suco de laranja, para obter o paladar exato. Falando em laranja, no bar em Bang Saray (onde fiquei famosa por cantar uma ou duas músicas no karaokê após tomar alguns copos desse drinque), eles fazem o Whiskey Sour com partes iguais de suco de limão-siciliano e de laranja. ***É uma delícia!***

50 ml de bourbon ou uísque escocês blended

20 ml de suco de limão-siciliano

20 ml de xarope de açúcar (p. 17)

Para guarnecer:

1 fatia de limão-siciliano

1 cereja ao marasquino (opcional)

Coloque todos os ingredientes em uma coqueteleira com bastante gelo e bata até que a mistura fique gelada. Coe o drinque para uma taça sour e sirva-o guarnecido com uma fatia de limão-siciliano e uma cereja ao marasquino, se gostar.

Nota: Você também pode servir esse drinque *on the rocks* [com cubos de gelo] em um copo tumbler ou old fashioned.

BOSTON SOUR

Alguns bares servem essa versão no lugar do Whiskey Sour clássico, mas, tecnicamente, trata-se de outro drinque. Para prepará-lo, coloque os mesmos ingredientes líquidos listados na página anterior em uma coqueteleira vazia com **uma clara**. Bata bem para emulsificar. Adicione bastante gelo e bata de novo, até esfriar. Coe para uma taça sour e guarneça conforme indicado na página anterior.

MANHATTAN

Algumas pessoas dizem que o drinque foi inventado no Manhattan Club, por ocasião de um jantar, em 29 de dezembro de 1874, em homenagem a Samuel J. Tilden, um dos únicos candidatos à presidência dos Estados Unidos que obteve maioria absoluta, mas perdeu no Colégio Eleitoral. Outros afirmam que foi criado para um banquete oferecido pela mãe de Winston Churchill em Nova York. Acredita-se também que ele seja a bebida oficial da minúscula ilha de Föhr, no noroeste da Alemanha, onde a proporção preferida é uma parte de vermute tinto para duas de uísque. Seu *revival* se deve a um grupo de pescadores de águas profundas que tomaram gosto por ele durante suas viagens. Viu só? ***Certas coisas só se aprendem no bar.***

- 5 ml de vermute tinto
- um dash de Angostura ou de bitter Peychaud's (opcional)
- 60 ml de bourbon ou uísque de centeio [p. 58]
- 1 cereja ao marasquino ou um twist de limão-siciliano, para guarnecer

Encha uma coqueteleira com gelo e adicione o vermute e a Angostura, caso decida utilizá-la. Mexa vigorosamente e acrescente o uísque. Continue mexendo até que fique bem gelado. Coe para uma taça martíni e guarneça com uma cereja ao marasquino ou um twist de limão-siciliano.

Nota: Caso você, como eu, prefira o Manhattan seco, adicione mais vermute.

Veja a foto do drinque na p. 36

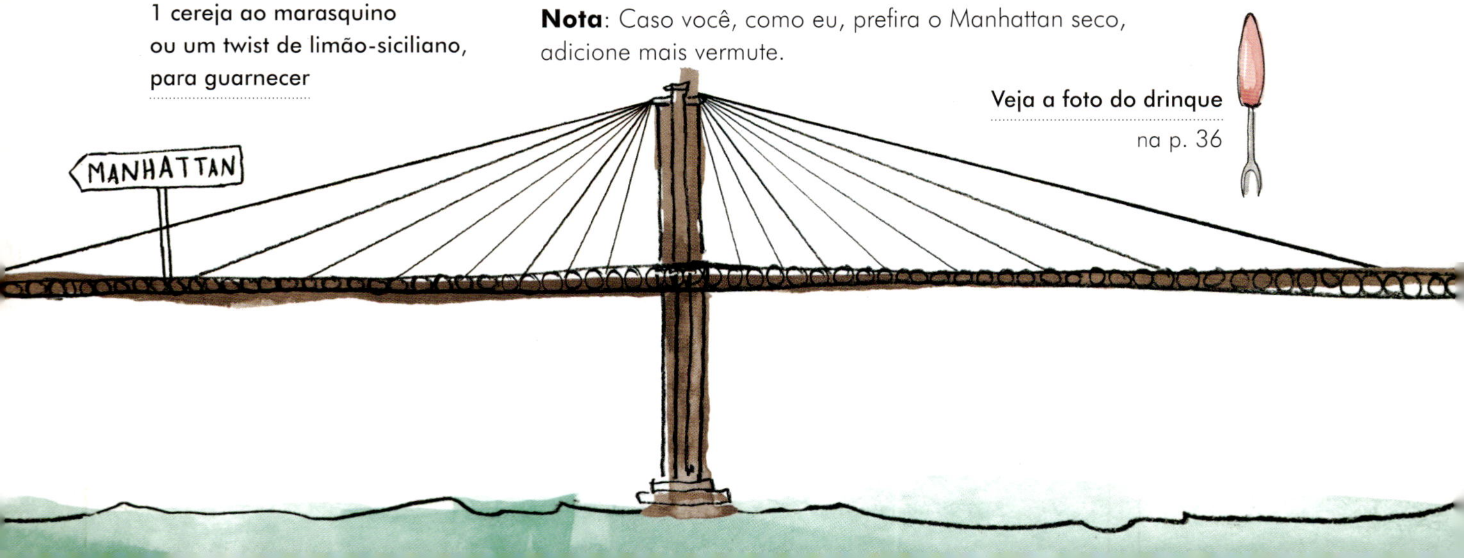

Dica da Kay: Continua difícil encontrar o Amer Picon. A Torani Company, empresa de São Francisco famosa pelos xaropes que fabrica, lançou o Torani Amer, amplamente usado como substituto. Suas notas amargas de laranja e genciana o tornam uma boa opção.

BROOKLYN

Se existe um drinque que marca o retorno dos coquetéis à moda é o Brooklyn. Ele ficou esquecido por anos – em parte porque os coquetéis haviam sido deixados de lado, mas principalmente, na minha opinião, porque um de seus ingredientes, o Amer Picon, é difícil de encontrar. Quando bartenders foram atrás de inspiração em antigos livros de receita, seu sabor foi redescoberto.

- 60 ml de uísque de centeio [p. 58]
- 20 ml de vermute seco
- 10 ml de Amer Picon
- 10 ml de licor marasquino
- 1 cereja ao marasquino, para guarnecer

Encha uma coqueteleira com gelo. Adicione os ingredientes e mexa até gelar. Coe para uma taça de coquetel e guarneça com uma cereja ao marasquino.

Nota: O Amer Picon é um licor francês que tem um peculiar sabor amargo de laranja. Por ter sido reformulada ao longo dos anos, essa receita não reproduzirá com exatidão o original de 1908, mas ainda assim o drinque é absurdamente bom!

Veja a foto do drinque na p. 36

GREEN GIMLET

Essa receita é do meu amigo Michel Dozois, grande artesão de drinques e fundador da empresa Névé Ice, que fornece cubos de gelo para a série de TV *Mad Men*. De acordo com ele, essa variação do Gimlet é ideal para o verão. O suco de limão-taiti e o manjericão fazem dele um drinque **simples e direto**, assim como o próprio Michel.

3-4 folhas de manjericão, mais 1 para guarnecer

60 ml de uísque escocês

30 ml de suco de limão-taiti

10 ml de xarope de açúcar (p. 17)

Coloque as folhas de manjericão em uma coqueteleira, adicione os líquidos e, com o socador, misture-as ao líquido. Acrescente gelo e bata vigorosamente, até que fique bem gelado. Coe para um copo tumbler com um cubo de gelo grande e sirva guarnecido com uma folha de manjericão.

MODERN MAD MEN

Essa versão renovada do Old Fashioned vem do Hyde and Seek, gastropub moderninho do chef e *restaurateur* Ian Kittichai que fica perto da Wireless Road, em Bancoc. Ele é tudo o que promete ser! Escolha uma trilha sonora dos anos 1960, prepare o drinque e dance a noite toda.

1 cubo de açúcar

três dashes de bitter de aipo

50 ml de bourbon com infusão de alecrim (ver abaixo)

10 ml de licor de pera

1 ramo de alecrim, para guarnecer

Bourbon com infusão de alecrim:

350 ml de bourbon

5 ramos de alecrim

Para preparar o bourbon com infusão de alecrim, coloque-o em uma jarra e adicione os ramos de alecrim. Reserve por 24 horas e coe para uma garrafa limpa e esterilizada.

Como no Old Fashioned, coloque um cubo de açúcar no fundo de um copo tumbler. Embeba-o com o bitter de aipo, macerando-o. Acrescente um cubo de gelo grande e despeje os destilados. Mexa o drinque para resfriá-lo e guarneça-o com um ramo de alecrim.

SAZERAC

O Sazerac veio ao mundo como **uma versão do Old Fashioned** feita com conhaque Sazerac de Forge et Fils e um bitter da região feito por Antoine Peychaud, boticário creole que havia se mudado das Índias Ocidentais para o French Quarter de Nova Orleans. Hoje, é a marca registrada da cidade. Como dizem lá: *Laissez les bons temps rouler* [Deixe os bons momentos rolarem].

1 cubo de açúcar ou 5 ml de xarope de açúcar (p. 17)
alguns dashes de bitter Peychaud's
60 ml de uísque de centeio [p. 58]
10 ml de absinto
1 pedaço de casca de limão-siciliano

Encha um copo tumbler com gelo triturado ou coloque-o no freezer até ficar bem gelado. Ponha o açúcar em outro copo baixo e desmanche-o com o bitter. Acrescente o uísque e mexa bem. Remova o gelo do primeiro copo e adicione o absinto. Gire-o no copo e descarte-o. Coloque nesse copo a mistura de uísque com bitter. Torça a casca de limão-siciliano e passe-a pela borda do copo, untando-o com seus óleos essenciais. Você pode manter ou descartar a casca.

Nota: Se não encontrar absinto, utilize outra bebida com sabor de anis, como o Pernod.

OLD FASHIONED

Com o Swizzle, o Old Fashioned foi um dos primeiros coquetéis a surgir: há registros de sua criação em 1806. Apesar de haver inúmeras variações para a receita, o essencial mudou pouco: tudo o que você precisa é de açúcar, bitter e um destilado. E, ***como sou uma garota à moda antiga, esse é o meu tipo de bebida.***

1 cubo de açúcar

alguns dashes de Angostura

60-80 ml de bourbon ou uísque de centeio [p. 58]

Para guarnecer:

um twist ou 1 cunha de laranja

1 cereja ao marasquino (opcional)

Coloque o cubo de açúcar no fundo de um copo baixo e cubra-o com alguns dashes de Angostura. Use um socador para desmanchar o açúcar com o bitter – algumas pessoas gostam de adicionar um pouco de água para que o açúcar dissolva mais facilmente. Acrescente alguns cubos de gelo grandes. Despeje o bourbon e mexa brevemente para amalgamar. Guarneça com a laranja e uma cereja ao marasquino, se desejar.

Nota: Um dos melhores Old Fashioned que já tomei foi feito com bourbon infusionado com bacon. Para fazer essa infusão, compre o bacon mais defumado que encontrar e frite-o até que esteja no ponto para um sanduíche. Enquanto isso, coloque 350 ml de bourbon em um pote de geleia limpo. Quando o bacon estiver pronto, faça o sanduíche – não se pode desperdiçar nada! – e adicione a gordura do bacon ao pote de geleia com o bourbon. Deve render 2-3 colheres (sopa). Deixe a imersão descansar por um dia, depois leve o pote de geleia ao freezer, até que a gordura do bacon tenha se solidificado por completo. Use um coador de papel para passar a mistura para uma garrafa limpa e esterilizada. O bourbon deve ter a aparência de bourbon mesmo, mas com um aroma distinto de bacon defumado. É uma delícia!

PIMLICO

Esse encontro do Julep com o Daiquiri foi criado por David Lentz, chef e proprietário do restaurante The Hungry Cat, em Hollywood. David diz que o nome é uma referência à pista de corrida de mesmo nome (Pimlico Race Course) na cidade de Baltimore, nos Estados Unidos, onde o cavalo Seabiscuit ganhou uma de suas corridas mais famosas. **É um drinque perfeito para o verão**, para ser tomado ao ar livre, de preferência acompanhado por frutos do mar, como os servidos no Hungry Cat. (Se for até lá, não deixe de pedir a carta de vinhos – uma das melhores de Hollywood.)

2 ramos de hortelã
30 ml de xarope de açúcar (p. 17)
45 ml de bourbon
2 colheres (sopa) de suco de laranja
4 colheres (chá) de suco de limão-taiti

Remova as folhas de um dos ramos de hortelã e esmague-as com o xarope de açúcar em uma coqueteleira. Encha a coqueteleira de gelo. Adicione o bourbon, o suco de laranja e o suco de limão. Bata bem. Coloque alguns cubos de gelo em um copo tumbler e coe o drinque por cima. Guarneça com o outro ramo de hortelã.

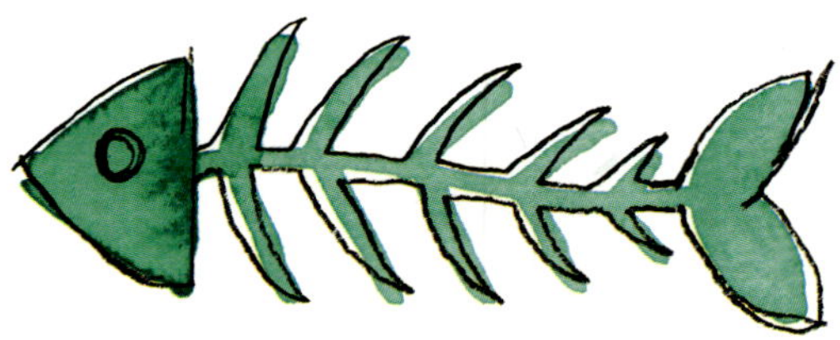

MASSA(MAN)HATTAN

Esse Manhattan com influência siamesa foi inventado por Julia Travis, ex-gerente do restaurante tailandês Kin Shop, em Nova York. Um coquetel frio com um toque quente do curry massaman: a união perfeita do Ocidente com o Oriente. ***Só me arrependo de não ter tido a ideia antes dela!***

60 ml de uísque de centeio [p. 58] (No restaurante Kin Shop, usa-se Old Overholt)

20 ml de vermute tinto

20 ml de xarope massaman (ver abaixo)

um twist de laranja, para guarnecer

Xarope massaman:

1 colher (sopa) de macis

5 unidades de canela em pau

2 colheres (sopa) de sementes de coentro

3 bagas de cardamomo

15 cravos

½ noz-moscada quebrada em pedaços

1 litro de água

800 g de açúcar mascavo

Para fazer o xarope, coloque todas as especiarias em uma frigideira seca, em fogo médio, e mexa sempre, até que fiquem levemente tostadas e comecem a exalar seu aroma. Adicione a água e leve à fervura. Coloque o açúcar, deixe atingir o ponto de fervura e retire do fogo. No Kin Shop, o xarope é resfriado num balde de gelo, mas você pode deixá-lo descoberto na geladeira até esfriar. Coe o xarope para um pote esterilizado. Pode ser conservado em local arejado por um mês.

Para fazer o drinque, encha uma coqueteleira com gelo e adicione os ingredientes. Bata vigorosamente e coe para uma taça de coquetel gelada. Guarneça com um twist de laranja.

TEQUILA E MEZCAL

BANDERITA

A Sangrita deve ou não ser preparada com tomate? Alguns dizem que sim, outros dizem que não. Eu não consigo me decidir. Então, aqui está o Banderita, **uma Sangrita com tomate**.

- um shot de tequila
- um shot de suco de limão-taiti
- 50 ml de suco de laranja
- 50 ml de suco de tomate
- algumas gotas do seu tempero mexicano picante favorito
- uma pitada de sal

Coloque três copos de shot um ao lado do outro. Encha um de tequila e outro de suco de limão. No terceiro copo, misture os ingredientes restantes para formar as cores da bandeira mexicana. Beba-os nessa ordem ou, sem rodeios, da maneira que você bem entender. Solte um "Uhu" ou um "Venga" bem alto e repita a operação.

E aqui vai uma receita de Banderita sem tomate: um shot de tequila com um *chaser* [drinque para acompanhar destilados que deve ser tomado em um só gole] de Sangrita.

- um shot de tequila
- 50 ml de suco de laranja gelado
- 50 ml de suco de grapefruit gelado
- um pouco de suco de 1 limão-taiti
- algumas gotas de seu tempero mexicano picante favorito
- uma pitada de sal

Coloque a tequila em um copo de shot. Junte os outros ingredientes em um copo baixo e mexa bem. Sirva juntos.

MARGARITA

Quando eu morava em Los Angeles, esse era meu drinque favorito. Pode-se dizer que era **um dos meus cinco do dia!** Eu era terrível: ia ao Formosa Cafe à 1h30 da madrugada, roubava a chave do dono, Vince, que já estava fechando o bar, e o forçava a me vender uma! E sempre pedia outra depois, então ele passou a me servir Margaritas em copo pint para terminar de limpar o bar sem ser interrompido por mim. Essa foi a base para uma amizade de uma vida toda.

Há duas versões para a origem do drinque: uma diz que ele foi criado em 1941 por Carlos Orozco na Hussong's Cantina, em Ensenada, na Baixa Califórnia, e recebeu o nome da filha do embaixador alemão; outra diz que foi inventado em 1948 pelo bartender Santos Cruz no bar Balinese Room, em Galveston, no Texas, e recebeu o nome em homenagem a Peggy Lee. (Peggy é apelido de Margaret, daí Margarita.)

É um ótimo drinque para festas e perfeito ao fim de um dia de sol na (Baixa) Califórnia.

- 1 cunha de limão-taiti
- sal
- 30 ml de suco de limão-taiti
- 30 ml de Cointreau ou outro triple sec
- 60 ml de tequila branca

Esfregue a cunha de limão-taiti em toda a borda de um copo baixo e cubra-a com sal. Encha uma coqueteleira com gelo, adicione o suco de limão, o Cointreau e a tequila. Bata ao ritmo de *Fever*, de Peggy Lee, até ficar bem gelado. Encha o copo com gelo e coe o drinque até a borda. Esprema a cunha de limão-taiti sobre o drinque, depois a coloque dentro do copo e sirva.

Nota: Para fazer uma Frozen Margarita, coloque a tequila, o suco de limão-taiti e o Cointreau em um liquidificador cheio de gelo. Bata até ficar homogêneo e sirva em um copo com a borda coberta de sal.

TEQUILA SUNRISE

Aposto que, quando você pensa em Tequila Sunrise, imagina um drinque vermelho e laranja que lembra as cores de um pôr do sol [*sunrise*, em inglês]. Você tem razão. Mas eis uma historinha sobre ele. Diz-se que ele foi precedido por outro coquetel, muito diferente, supostamente inventado pelo bartender Gene Sulit, do Arizona Biltmore Hotel, em 1929. Tal versão logo saiu de moda, e, no início dos anos 1970, Billy Rice e Bobby Lozoff, do Trident Restaurant, em Sausalito, utilizaram o nome para criar um novo drinque. Numa entrevista em 2012 com o escritor e bartender Jeff Burkhart, **Lozoff conta que, em 1972, preparou um para Mick Jagger, que o apresentou para os Rolling Stones**, e o Tequila Sunrise se espalhou pelos Estados Unidos. Em 1973, a banda Eagles fez uma música em homenagem ao drinque, e ele conquistou o mundo. ***É muito rock 'n' roll!***

VERSÃO ARIZONA BILTMORE

40 ml de tequila
20 ml de creme de cassis
um pouco de suco de limão-taiti
água gaseificada gelada, para cobrir
3 fatias de limão, para guarnecer

Encha um copo com gelo quebrado. Adicione a tequila, o creme de cassis e, por último, esprema o limão. Cubra com água gaseificada e guarneça com as fatias de limão.

VERSÃO ROLLING STONES

50 ml de tequila
90 ml de suco de laranja
10 ml de grenadine

Para guarnecer:

1 fatia de laranja e/ou 1 cereja ao marasquino

Encha um copo com gelo. Adicione a tequila, o suco de laranja e o grenadine. Não mexa. O grenadine descerá ao fundo do copo. Guarneça e sirva.

BUN BANG FAI

O Bun Bang Fai (que significa "Festival dos Foguetes") é um dos drinques exclusivos do restaurante Soul Food Mahanakorn, em Bancoc. Foi criado pelo proprietário Jarrett Wrisley em conjunto com o bartender Markus Bernthaler para ser picante, cítrico e combinar com pratos tailandeses. ***Recomendo servi-lo com Bolinho tailandês de peixe*** (p. 167).

2 pedaços pequenos de pimenta olho de pássaro [ou Scotch bonnet, ou malagueta, ou piripiri]

60 ml de tequila branca

40 ml de suco de limão-taiti

30 ml de xarope de amêndoa Monin Orgeat

um dash de clara

Esmague a pimenta no fundo da coqueteleira. Adicione todos os ingredientes líquidos, inclusive a clara, e bata vigorosamente para emulsificar. Coloque gelo e bata por mais 15 segundos, até que fique bem gelado. Coe para um copo baixo com gelo e sirva.

Nota: Use tequila 100% agave, se possível.

DEL RIO

Mesmo antes de eu começar a trabalhar com moda, Dolores Del Rio já era uma de minhas heroínas. Chique sem esforço e absurdamente linda, ela também era inteligente e orgulhosa de suas origens. Foi a primeira estrela de cinema mexicana, com uma carreira bem-sucedida tanto nos filmes mudos quanto nos falados da Hollywood pré-guerra, além de figura de destaque na era de ouro do cinema de seu país. Um drinque com seu nome precisava refletir suas raízes no estado de Durango e **capturar um pouco de sua elegância e integridade.** Por isso, usam-se mezcal e bitter, em homenagem ao México, Curaçao, para um calor cítrico, e pêssego, que simboliza tanto uma fruta de Durango quanto um símbolo renascentista para o coração. E quanto à gardênia? Del Rio jurava que comer botões de gardênia era o que a ajudava a manter a pele perfeita.

- **2 pêssegos donut**
- **40 ml de mezcal reposado**
- **20 ml de Pierre Ferrand Dry Curaçao ou Grand Marnier**
- **alguns dashes de Xocolatl Mole Bitters (produzido pela Bitter Truth)**
- **pétalas de gardênia, para guarnecer**

Amasse os pêssegos com as mãos sobre uma tigela limpa para extrair o sumo, mas retenha a polpa e a casca. Encha uma coqueteleira com gelo e adicione 20 ml do suco de pêssego com todos os outros ingredientes líquidos. Mexa até ficar bem gelado. Coe para uma taça alta e guarneça com as pétalas de gardênia.

ON THE WAY TO SARONNO

Luca Missaglia é o chefe de bar do restaurante Quo Vadis, de propriedade dos irmãos Hart, no bairro do Soho, em Londres. **Ele é descolado e charmoso sem fazer esforço, como só os italianos conseguem ser.** Ao criar esse drinque, Luca queria remeter à história por trás do licor Amaretto: uma viúva jovem e bonita e o pintor Bernardino Luini apaixonaram-se enquanto ele a retratava como madona em um afresco, e ela o presenteou com amêndoas de damasco curtidas em brandy. ***Assim nasceu o Amaretto.*** Só sabemos que gostamos dele... e que podemos estar "A Caminho de Saronno" sempre que desejarmos.

- três dashes de Cynar
- 30 ml de purê de maracujá-roxo (ver abaixo)
- 30 ml de tequila reposado
- 45 ml de Amaretto Disaronno

Purê de maracujá-roxo:

- 3-4 maracujás-roxos
- 5 ml (1 colher de chá) de xarope de açúcar (p. 17)

Para guarnecer:

- 1 ramo de hortelã
- ½ maracujá-roxo
- pimenta-do-reino moída na hora

Para fazer o purê de maracujá, corte as frutas pela metade e peneire a polpa e as sementes sobre uma tigela que não seja de metal. Pressione a polpa através da peneira com uma colher, descartando as sementes. Adicione um pouco de xarope de açúcar apenas para amenizar o sabor. Você vai precisar de 5 ml de xarope de açúcar (1 colher de chá) para cada 50 ml de purê de maracujá (3 maracujás). Encha um copo com gelo britado e acrescente todos os ingredientes líquidos, inclusive o purê de maracujá, e mexa com um palito para misturar. Adicione mais gelo, se necessário, e guarneça com hortelã, metade de 1 maracujá e um pouco de pimenta-do-reino.

Nota: É possível comprar purê de maracujá em garrafas de 1 litro, mas só recomendo o purê pronto se for preparar esse drinque em grande quantidade, porque o purê é muito fácil de fazer.

vadis

GARRA DE TIGRE

Um dos meus restaurantes mexicanos favoritos em Los Angeles é o Guelaguetza, especializado na culinária da região de Oaxaca e famoso pelos *moles*. Inaugurado por Fernando Lopez em 1994, é hoje administrado por seus filhos Bricia e Fernando. Esse coquetel é uma das estrelas do bar, inventado por Fernando pai, quando ainda era mezcalero, para mostrar o potencial de mistura do mezcal. Aproveite!

1 cunha de limão-taiti

½ colher (chá) de sal com chili (ver nota abaixo)

60 ml de suco de limão-taiti

30 ml de xarope de açúcar (p. 17)

60 ml de mezcal

Esfregue a cunha de limão-taiti ao redor da borda de um copo e mergulhe-a no sal com chili para cobri-la. Coloque o suco de limão, o xarope de açúcar e o mezcal em um liquidificador com um copo de gelo e bata até obter uma mistura homogênea e cremosa. Despeje no copo e sirva.

Nota: O sal com chili do Guelaguetza é, na verdade, sal de gusano de maguey, de Oaxaca. É feito com as mesmas larvas encontradas no mezcal, mas moídas. Para fazer um sal com chili em casa, misture uma parte de pimenta vermelha em pó para cada três partes de sal.

Shot de ceviche
p. 199

RUM

PONCHE DE RUM CLÁSSICO

"Um de azedo

Dois de doce

Três de forte

Quatro de fraco."

Esse coquetel tem até seu próprio poema. Prepare um, ponha um mento jamaicano para tocar e relaxe!

20 ml de suco de limão-taiti
40 ml de xarope de açúcar (p. 17)
60 ml de rum, preferencialmente Appleton V/X
1 fatia de laranja, para guarnecer

Misture o suco de limão, o xarope de açúcar e o rum em um copo grande e complete com gelo quebrado. Mexa mais um pouco e guarneça com uma fatia de laranja.

Frango com molho jerk e papari com salsa de manga

p. 219

ZOMBIE

Na próxima vez que for a Los Angeles, vá para o leste (quase certamente será leste) pela Sunset Boulevard, em direção a Los Feliz e Silverlake. Logo após passar pelo cinema Vista, você quase certamente passará batido pelo Tiki-Ti, fundado por Ray Buhen em 1961 e hoje administrado pelo filho, Mike. **Nesse lugar, você vai experimentar o Zombie mais próximo ao original que se pode encontrar.**

O Zombie foi criado no bar Don The Beachcomber em 1934 – e provavelmente não por Don, embora ele sempre diga o contrário. Seus drinques "especiais", entre os quais sempre figurou o Zombie, eram feitos fora do alcance da vista, atrás do bar, por um grupo chamado The Four Boys [Os Quatro]. Um deles era o Ray. Percebendo que nunca ganharia gorjetas longe dos clientes, Ray partiu em sua própria empreitada, levando com ele as receitas secretas. Essa não é a receita do Zombie, que continua secreta, mas é a mais parecida possível.

60 ml de rum branco
30 ml de rum escuro
30 ml de suco de laranja
30 ml de suco de abacaxi
30 ml de purê de maracujá-roxo (p. 86)
15 ml de rum Bacardi 151

Para guarnecer:
1 cereja ao marasquino
¼ de fatia de laranja
1 pedaço de abacaxi

Encha uma coqueteleira com gelo e adicione todos os ingredientes, exceto o Rum 151. Mexa bem e coe para um copo collins com gelo. Coloque o rum por cima e guarneça com as frutas, espetadas em um palito de coquetel.

MAI TAI DO FORMOSA

Não se sabe ao certo como o Formosa Cafe, em Hollywood, ficou famoso por seu Mai Tai – afinal, o local não se configura como um tiki bar [bar com decoração exótica e temática tropical que oferece drinques à base de rum]. Seu dono, Vince Jung, conta que duas histórias explicam isso. Uma delas diz que o drinque **foi um pedido de Elvis Presley, frequentador assíduo do Formosa e que uma vez deu um Cadillac como gorjeta para uma garçonete**; ele teria tomado gosto pelo drinque após seus filmes havaianos. A outra diz que o drinque era o favorito da equipe de filmagem de *No sul do Pacífico*. Fotos assinadas pelos artistas comprovam as duas versões. Faça uma visita ao bar e decida por si mesmo.

50 ml de rum branco
20 ml de Amaretto
50 ml de suco de laranja
50 ml de suco de abacaxi
30 ml de rum escuro

Para guarnecer:
1 cereja ao marasquino (opcional)
1 pedaço de abacaxi (opcional)
1 guarda-chuva decorativo para coquetéis (opcional)

Encha uma coqueteleira com gelo. Adicione o rum branco, o Amaretto e os sucos. Bata bem, com força. Quem sabe ao ritmo de "Rock-a-hula baby" ou "There's nothing like a dame". Coe para uma taça com gelo e adicione o rum escuro por cima. Guarneça com as frutas e o guarda-chuva, se desejar.

Nota: É pelo Amaretto que o drinque do Formosa se diferencia do original, que continha xarope Orgeat para conferir um sabor de amêndoa e Curaçao de laranja para um toque a mais de álcool.

RUM SWIZZLE (DA BRITISH AIRWAYS)

O Rum Swizzle é o ponche de rum mais antigo de que se tem notícia. Um dos drinques nacionais de Bermudas, data de cerca de 1700. Descobri a receita impressa em um copo de coquetel de madeira decorado com motivos tropicais da British Airways do início dos anos 1960. Naquela época, as comissárias da primeira classe precisavam saber preparar ao menos doze coquetéis para o serviço de bordo. A versão da companhia aérea não leva nenhum tipo de suco. E, como o drinque é originário de Bermudas, o IDEAL é que o rum seja Gosling's.

50 ml de rum escuro
25 ml de rum branco
25 ml de suco de limão-taiti
25 ml de suco de abacaxi
25 ml de suco de laranja
10 ml de grenadine

Para guarnecer:
1 fatia de laranja
1 cereja ao marasquino

Encha uma coqueteleira com gelo triturado. Adicione todos os ingredientes e bata bastante, até que fique com uma textura cremosa. Coe para um copo highball e guarneça com uma fatia de laranja e uma cereja ao marasquino.

Nota: No início, o drinque era feito com um xarope chamado falernum, originário de Barbados e com sabor de amêndoa, gengibre, cravo e pimenta-da-jamaica. Tente encontrá-lo, se preferir, ou faça uma infusão de xarope de açúcar (p. 17) com as especiarias e adicione essência de amêndoa para finalizar.

MOJITO

Ah, o Mojito! **Ele passou a estar em grande evidência ultimamente.** Conheço muitos bartenders que odeiam fazê-lo porque leva tempo misturar tudo direitinho. Mas em casa não há pressa, o que faz com que esse seja um drinque ideal para preparar em uma reunião. Essa receita é de uma época em que o rum era tão rústico que se fazia de tudo – qualquer coisa! – para que seu gosto ficasse melhor.

Sei que o Mojito é cubano e que eu deveria prepará-lo com Havana Club, mas se conseguir encontrar o rum branco agrícola Domaine de Séverin, de Guadalupe, use-o ***para conferir profundidade ao drinque.***

- 2 ramos de hortelã
- 1 cubo de açúcar
- 30 ml de suco de limão
- 60 ml de rum branco
- água gaseificada gelada, para cobrir

Remova as folhas de um ramo de hortelã e coloque-as em um copo com o cubo de açúcar. Amasse-os com o auxílio de um socador para a liberação dos óleos das folhas. Adicione o suco de limão e mexa. Se não estiver com pressa (leia-se "morrendo de vontade de tomar um drinque"), deixe curtir por alguns minutos enquanto prepara um petisco.

Encha o copo com gelo britado ou quebrado. Acrescente o rum, mexa novamente e cubra com a água gaseificada. Guarneça com o outro ramo de hortelã e sirva.

Cuba

SEAWIND

Esse drinque foi feito para ser longo, forte e adstringente – **o antídoto perfeito para muitos coquetéis tropicais exageradamente doces**. Recomendo saboreá-lo durante o pôr do sol, de preferência na praia – embora um quintal com jardim também sirva! –, antes de um jantar bem picante!

- 40 ml de rum branco de alto teor alcoólico
- 30 ml de suco de limão-taiti
- alguns bons dashes de Angostura
- 20 ml de xarope de açúcar (p. 17)
- água gaseificada gelada, para cobrir
- 1 fatia de limão, para guarnecer

Em um copo highball, misture o rum, o suco de limão, a Angostura e o xarope de açúcar. Encha o copo com gelo e complete com a água gaseificada. Guarneça com uma fatia de limão.

RUM RANCH

Tal drinque remete a sonhos, em especial ao sonho maluco de construir uma destilaria de rum na Califórnia. A parte maluca se deve ao fato de que esse estado não tem exatamente o que se pode chamar de tradição na produção açucareira. ***A parte do sonho é por conta do fato de que isso seria maravilhoso.***

- 1 lasca de pimenta-malagueta
- 60 ml de rum envelhecido, preferencialmente Havana Club 7 anos
- 10 ml de xarope de açúcar (p. 17)
- 10 ml de suco de laranja
- 10 ml de suco de limão-taiti
- um dash de bitter de pimentão
- um twist de limão-taiti, para guarnecer

Primeiro, amasse a pimenta-malagueta no fundo de uma coqueteleira. Depois, encha-a de gelo e adicione os ingredientes restantes. Bata bastante, até que fique muito gelado, e coe para uma taça de coquetel. Guarneça com o twist de limão.

Nota: Quando criei esse drinque, planejava usar suco de limão-meyer. Se você encontrar esse tipo de limão, vai precisar de 20 ml de suco para substituir os de limão-taiti e de laranja da receita.

Avocado Project
p. 104
Daiquiri clássico
p. 105

AVOCADO PROJECT

Julian Cox é um dos melhores bartenders de Los Angeles e responsável pelos drinques em dois dos meus restaurantes favoritos: Rivera e Picca Peru. Ele criou esse drinque para o Picca. Para mim, **já é um clássico moderno** e algo a ser experimentado quando você estiver com espírito aventureiro. Como em todas as receitas que cria, Julian é muito específico quanto ao tipo de bebida a ser utilizada. Por isso, se não encontrar o rum Banks 5 Island recomendado por ele, use o Appleton ou o Havana Club. Mas não vai ficar igual.

60 ml de rum Banks 5 Island

30 ml de suco de limão-taiti

1 ½ colher (chá) de xarope de agave

2 colheres (sopa) cheias de purê de avocado adoçado (ver abaixo)

Purê de avocado adoçado:

1 avocado maduro

3 colheres (sopa) de xarope de agave

¼ de colher (chá) de suco de limão-siciliano

Para guarnecer:

1 pedaço de casca de limão-taiti

sal marinho

Para fazer o purê de avocado adoçado, amasse a polpa da fruta com o xarope de agave e peneire. Adicione o suco de limão-siciliano e misture bem.

Encha uma coqueteleira com gelo e coloque todos os ingredientes. Bata por bastante tempo e coe para uma taça alta. Torça um pouco da casca de limão-taiti por cima do drinque para liberar os óleos e sirva guarnecido com uma pitada de sal.

Veja a foto do drinque na p. 102

DAIQUIRI CLÁSSICO

O Daiquiri clássico é simples além da conta. Um dos coquetéis cubanos mais antigos, sua origem remonta ao final do século XIX, e ele é garantia de sucesso em uma festa. **Era o favorito do escritor Ernest Hemingway**, um apreciador muito peculiar de bebidas, que teve até uma variação do drinque criada para ele pelo bartender do El Floridita, em Havana. É justamente essa simplicidade que o aproxima da perfeição. Ele é um drinque para adultos, então pegue os morangos e as bananas e faça uma salada de frutas – não um Daiquiri! ***Esse é "o" drinque.***

50 ml de rum branco, de preferência Havana Club 3 anos

20 ml de suco de limão-taiti

10 ml de xarope de açúcar (p. 17)

1 fatia de limão-taiti, para guarnecer

Encha uma coqueteleira com gelo britado. Adicione todos os ingredientes e bata bastante, até obter uma textura cremosa. Coe para uma taça de coquetel e guarneça com a fatia de limão.

Nota: Se quiser um Frozen Daiquiri (o que eu, pessoalmente, não recomendo), coloque todos os ingredientes em um liquidificador cheio de gelo e bata até que fique homogêneo.

Veja a foto do drinque na p. 102

HOT BUTTERED RUM

Nada é tão reconfortante quanto esse drinque, **bebido por piratas e presidentes**, boêmios e bispos há séculos. ***Pode estar fora de moda, mas na hora certa é muito bem-vindo.***

30 g de manteiga temperada (ver abaixo)
60 ml de rum envelhecido ou escuro
água fervente, para cobrir
noz-moscada ralada na hora, para guarnecer

Manteiga temperada:
200 g de açúcar mascavo
125 g de manteiga sem sal derretida
¾ de colher (chá) de noz-moscada ralada na hora
1 ½ colher (sopa) de pimenta-da--jamaica em pó
duas pitadas de macis em pó
uma pitada de canela em pó
uma pitada de sal

Para fazer a manteiga temperada, coloque todos os ingredientes em uma tigela e misture-os. Passe o conteúdo da tigela para um pedaço de filme de PVC e embrulhe bem apertado. A manteiga temperada dura um mês na geladeira, e você também pode congelá-la. A receita rende 8-10 drinques.

Para fazer o drinque, ponha a manteiga em uma caneca e adicione o rum. Cubra com água fervente e mexa até a manteiga derreter e emulsificar o drinque. Guarneça com um pouco de noz-moscada ralada na hora.

Dica da Kay: Existe uma versão mais rápida desse drinque. Em uma caneca, dissolva 1 colher (chá) de açúcar em um pouco de água fervente. Adicione uma boa quantidade de rum e 30 g de manteiga. Complete com mais água quente e rale um pouco de noz-moscada por cima. Prontinho.

EGGNOG DA SRA. BROWNE

Esse drinque veio do caderno de receitas da vovó Alice, a bisavó jamaicana do meu marido. Tive que fazer algumas atualizações, mas é um drinque de respeito, forte e glorioso!

6-8 PORÇÕES

- 2-3 colheres (sopa) de xarope de açúcar (p. 17)
- 1 ovo
- 125 ml de conhaque
- 65 ml de rum, de preferência Appleton
- leite integral gelado, para cobrir
- noz-moscada ralada na hora, para guarnecer

Dica da Kay: Vovó Alice diz que, para fazer uma versão quente, basta substituir o gelo por água fervente.

Coloque o xarope de açúcar em uma coqueteleira, adicione o ovo e os destilados e bata até que os ingredientes estejam bem emulsificados. Coloque em um copo pint.

Ponha 4-5 cubos de gelo em um liquidificador e bata até obter textura de neve. Não se preocupe se alguns pedaços ainda estiverem sólidos. Transfira o gelo para o copo pint e cubra com o leite. Recoloque todos os ingredientes no liquidificador e bata novamente, para misturar bem. Coloque em copos de ponche ou canecas de gemada, dosando a espuma, para que todos recebam um pouco. Guarneça com noz-moscada ralada na hora.

BANG SARAY BOUNCE

Esse drinque foi inventado pela minha mãe, Betty, quando morava na paradisíaca vila de pescadores Bang Saray, na Tailândia, em homenagem às noites no piano--bar compartilhando histórias de pescadores. ***É um drinque radiante, iluminado e forte – exatamente como ela!***

- 30 ml de rum escuro
- 60 ml de rum claro
- 20 ml de suco de limão-taiti
- 20 ml de suco de abacaxi
- 15 ml de licor de damasco
- 1 fatia de limão-taiti, para guarnecer

Encha uma coqueteleira com gelo, adicione os dois tipos de rum, os dois sucos e o licor. Bata até ficar bem gelado. Coe para um copo e guarneça com a fatia de limão.

STATEN ISLAND

Não há, curiosamente, um consenso quanto à receita desse drinque, e talvez seja essa uma das razões pelas quais as pessoas o chamam de "bairro esquecido". Nas pesquisas para este livro, os drinques com esse nome iam de vodca com café até Jack Daniel's com energético, mas nenhum se assemelhava aos Coquetéis dos Cinco Distritos de Nova York. Então tive de arregaçar as mangas e inventar o meu. Minha fonte de inspiração foi o Palmetto – rum envelhecido e vermute tinto com bitter de laranja e um twist –, que, por sua vez, tem como inspiração o Manhattan. Portanto, me parece apropriado rever esse conceito e chamá-lo pelo nome que sempre mereceu.

15 ml de Cocchi Vermouth di Torino [ou Carpano Antica Formula]

60 ml de rum Pampero Aniversario [ou Botucal Reserva Exclusiva]

um dash generoso de bitter de limão-siciliano

Para guarnecer:

um twist de limão-siciliano flambado (ver dica ao lado)

1 cereja ao marasquino

Encha uma coqueteleira com gelo e adicione o vermute, o rum e o bitter de limão-siciliano. Mexa vigorosamente até gelar. Coe para uma taça, guarneça com a cereja ao marasquino e flambe um twist de limão-siciliano no topo.

Dica da Kay: Para flambar o twist de limão, corte uma tira da casca, acenda um fósforo ou acione um isqueiro e torça o twist dentro da chama por cima do drinque. Além de ativar e caramelizar os óleos da casca, você adiciona um efeito ao drinque.

Veja a foto do drinque na p. 36

VINHO, CERVEJA E MAIS DESTILADOS

THAIJITO DE KHUN SOMPONG

Khun Sompong Boonsri foi o barman do Bamboo Bar, no hotel Mandarin Oriental, em Bancoc, por mais de trinta anos. Esse bar é um dos clássicos da cidade e atende aos bons e aos melhores (e aos piores!) desde 1953. Por diversas vezes, passei horas nele, alternando entre o meu querido Martíni e esse drinque, **uma variação elegante do Mojito criado por Khun Sompong**. (O Bamboo Bar se orgulha do fato de que não somente um, mas dois ex--James Bonds adoram o Thaijito. Se me perguntar com jeitinho, eu conto quais são.)

2 colheres (chá) de açúcar mascavo

1 talo de capim-limão aparado e picado grosseiramente

½ limão-taiti cortado em quartos

2 pedaços de 1 cm de gengibre descascado e picado

30 ml de uísque tailandês Mekhong

água gaseificada gelada, para cobrir

1 pedaço de cana-de-açúcar descascada ou de capim-limão, para guarnecer

Coloque o açúcar, o capim-limão, o limão e boa parte do gengibre em uma coqueteleira e amasse bem com o socador. Adicione o uísque e mexa. Encha a coqueteleira com gelo e bata vigorosamente. Coe para um copo baixo ou old fashioned com gelo e cubra com água gaseificada. Guarneça com um pedaço de cana de açúcar descascada na hora, como faz Khun Sompong, ou com um pedaço do talo de capim-limão. Sirva com canudinho, se desejar.

Nota: O Mekhong é chamado de uísque, embora não o seja. Ele é mais parecido com um rum feito de cana de açúcar e arroz. Oficialmente, é rotulado como destilado tailandês. Se não conseguir encontrá-lo, escolha qualquer outro uísque ou rum que desejar.

SANGRIA

A ideia de aromatizar o vinho remonta aos romanos. E já que foram eles que alegadamente levaram a uva para a Espanha, parece pertinente que o país seja o berço desse vinho aromatizado. Praticamente todos os bares e restaurantes têm sua versão. No sul da Espanha, existe uma variedade chamada *zurra*, que usa pêssego. Fique à vontade para brincar com diferentes frutas e níveis de açúcar para personalizar o seu drinque.

6-8 PORÇÕES

- 750 ml de vinho tinto
- 2 limões-sicilianos cortados em cunhas
- 1 laranja cortada em cunha
- 2-3 colheres (sopa) de açúcar
- 30 ml de Grand Marnier ou Curaçao de laranja envelhecido
- 75 ml de xerez
- 500 ml de água gaseificada gelada

Misture o vinho, as frutas, o Grand Marnier e o xerez em uma jarra. Cubra-a e deixe a mistura curtir por no mínimo 1 hora e, no máximo, 6 horas. Quando for servir, adicione a água gaseificada e sirva o drinque em copos com gelo.

Tortilha de batata, queijo manchego e açafrão
p. 189

CHILCANO DE PISCO

O pisco, bebida típica peruana, é uma aguardente feita com uvas tanto no Peru quanto no Chile. **É chumbo grosso!**

- 60 ml de pisco
- um dash de Angostura
- 1 colher (sopa) de suco de limão-taiti
- 125 ml de ginger ale* gelado
- fatias de limão-taiti, para guarnecer
- 1 cunha de limão-taiti, para servir

Encha um copo com gelo e adicione o pisco, a Angostura e o suco de limão. Mexa um pouco e adicione o ginger ale. Guarneça com duas fatias finas de limão e sirva com uma cunha de limão ao lado do copo.

* O ginger ale, refrigerante à base de gengibre comum nos Estados Unidos, não é comercializado no Brasil, mas eventualmente pode ser encontrado em lojas de bebidas importadas.

SLOE GIN FIZZ DO NICK CUTHBERT

O *sloe* do título do drinque refere-se a abrunho, fruta doce e ácida com aparência similar à ameixa. Nick Cuthbert sugere colocar o abrunho no freezer por um dia e o descongelar antes de preparar o gim.

Para o gim de abrunho:

500 g de abrunho

750 ml de gim

300 g de açúcar

Misture todos os ingredientes em uma garrafa com tampa rosqueável e guarde-a em local arejado e protegido da luz por 1-3 meses. Lembre-se de chacoalhá-la todos os dias. Quando o gim estiver pronto, coe-o para uma garrafa esterilizada. A validade é indeterminada.

Para o Sloe Gin Fizz:

20 ml de gim de abrunho (ver acima)

100 ml de Prosecco gelado ou vinho frisante inglês

Coloque em uma taça e cubra com o Prosecco.

COQUETEL DE CHAMPANHE CLÁSSICO

Conhecido por alguns, na época, como "leitinho das coristas", o Coquetel de champanhe é **um dos mais antigos ainda em voga**. Há receitas que datam do século XIX. Essa versão surgiu provavelmente no início dos anos 1890, embora ninguém saiba ao certo.

O brandy – ou, em especial, conhaque – é opcional, e a quantidade que se usa dele é questão de preferência. No filme *À beira do abismo*, o General Sternwood gostava do seu drinque com um terço de brandy. Em *Casablanca*, nem Victor Lazlo nem o Capitão Renault pareciam se importar. ***Então, fica a seu critério!***

- **1 cubo de açúcar**
- **alguns dashes de Angostura ou bitter Peychaud's**
- **conhaque, para cobrir o cubo de açúcar**
- **champanhe gelado, para cobrir o drinque**
- **um twist de laranja, para guarnecer**

Ponha o cubo de açúcar no fundo de uma taça flute e embeba-o com 3-4 dashes de bitter. Adicione conhaque suficiente para cobrir o açúcar. Complete cuidadosamente com o champanhe, lembrando que o bitter fará com que ele libere mais gás do que o habitual. Para terminar, torça o twist de laranja sobre o drinque para liberar os óleos, use-o para guarnecer a flute e sirva.

Nota: Se tiver tempo (ou espaço no freezer), gele a flute antes de preparar o drinque.

Ovo de codorna temperado
p. 188

CAIPIRINHA

Enquanto o rum é destilado a partir do melaço do caldo de cana fermentado, a cachaça é destilada a partir do próprio caldo de cana. Ela é uma aguardente exclusivamente brasileira, portanto não é surpresa que a **Caipirinha seja o drinque nacional do Brasil**. Ninguém sabe ao certo como surgiu: alguns dizem que era usada como remédio para resfriados, com mel e alho além dos ingredientes usuais.

1 limão-taiti cortado em 8 cunhas

1-2 cubos de açúcar

60 ml de cachaça

Coloque as cunhas de limão e o açúcar em um copo e amasse-os bem com o auxílio de um socador. Adicione a cachaça e cubra com gelo. Mexa e sirva.

Nota: Alguns dizem que a Caipirinha fica melhor com limão-galego. Experimente e decida!

Amendoim do Payon
p. 179

AMERICANO

Esse é um drinque intenso. Longo e não muito forte, **com amargor delicioso**, é o início perfeito para aquelas noites em que você sente necessidade de pegar leve. Depois desse aperitivo, o jantar cairá muito melhor.

30 ml de Campari
30 ml de vermute tinto
água gaseificada gelada, para cobrir
1 fatia ou um twist de laranja, para guarnecer

Encha um copo com gelo. Adicione o Campari e o vermute e misture-os, mexendo. Cubra com a água gaseificada e guarneça com uma fatia ou um twist de laranja.

SPRITZ

Esse é "o" drinque veneziano por excelência, o Spritz é gelado, agridoce e colorido. Ideal para fazer uma pausa e ver o mundo passar quando se está na piazza San Marco... ou em qualquer outro lugar do mundo! É feito tradicionalmente com vinho branco e água com gás, mas também gosto da versão com Prosecco.

15 ml de Campari ou Aperol

125 ml de Prosecco gelado, ou partes iguais de vinho branco e água com gás

1 fatia larga de laranja, preferencialmente sanguínea

1 azeitona verde em conserva lavada

Coloque o Campari em uma taça. Encha até mais ou menos a metade com o Prosecco. Adicione um cubo de gelo. Espete a fatia de laranja e a azeitona em um palito de coquetel longo e coloque-o dentro da taça. Sirva com o balde de gelo ao lado e uma boa dose de despreocupação!

SOMERSET LEVELLER

Meu marido, Fred, é o culpado por esse drinque: animado com a ideia deste livro, ofereceu-se para ajudar, e essa é a contribuição dele. O nome reúne "Somerset", em homenagem à marca de aguardente de cidra, e "Leveller" [nivelador] por causa dos níveis da região de Somerset – e também porque "niveladores" era o nome dos rebeldes da Guerra Civil Inglesa. ***Poder para o povo.***

5 ml de crème de mûre (1 colher de chá)

60 ml de aguardente de cidra Somerset [ou Calvados]

1 ramo de alecrim

1 cubo de maçã verde de 1,5 cm embebido em suco de limão-taiti

um dash de bitter de limão-siciliano

Encha uma coqueteleira com gelo. Adicione o crème de mûre e a aguardente de cidra e mexa até ficar bem gelado. Coe para uma taça. Remova as folhas de alecrim do ramo, deixando apenas um tufo de folhas na ponta, espete-o no cubo de maçã e coloque-o dentro da taça. Acrescente um dash de bitter de limão-siciliano e sirva.

SIDECAR

Um dos poucos coquetéis de conhaque clássicos *e, ao mesmo tempo,* bons. (Há também o Corpse Reviver, mas ele é feito com creme de menta... Fala sério!) Acredita-se que o Sidecar tenha sido criado durante a Primeira Guerra Mundial. **O Hotel Ritz, em Paris, reclama a invenção para si.** Mas no livro de Harry MacElhone, *Harry's ABC of Mixing Cocktails,* de 1922, o coquetel é atribuído ao bartender Pat MacGarry, do Buck's Club, em Londres. Harry devia saber o que estava falando!

20 ml de suco de limão-siciliano

20 ml de Cointreau ou triple sec

40 ml de conhaque

um twist de laranja, para guarnecer

Encha uma coqueteleira com gelo e adicione o suco de limão, o Cointreau e o conhaque. Bata até gelar e coe para uma taça. Guarneça com o twist de laranja.

MICHELADA

Essa *cerveza preparada* mexicana é extremamente refrescante em dias de calor. Há muitas versões diferentes, então fique à vontade para experimentar combinações distintas de molhos e especiarias para dar sua cara ao drinque.

1-2 limões-taiti cortados na metade

sal marinho

vários dashes de molho inglês

vários dashes de tabasco ou outro molho picante

vários dashes de molho de soja (ou molho Maggi)

pimenta-do-reino moída na hora

20 ml de suco de tomate (opcional)

cerveja gelada, para cobrir

Primeiro, cubra a borda do copo com sal: esfregue-a com um pedaço de limão e passe-a em sal marinho. Encha o copo de gelo e esprema todo o suco do limão. Adicione os temperos, um pouco de pimenta e o suco de tomate, se optar por usá-lo. Misture os sucos e os temperos, mexendo-os, e cubra-os com a cerveja gelada.

Nota: Não costumo colocar muito tomate porque acho que fica com gosto de gaspacho com cerveja. Mas se você é fã, adicione tanto quanto desejar!

HIX FIX

Criado no restaurante Oyster and Fish House, de Mark Hix, em Lyme Regis, na Inglaterra, esse é **o perfeito drinque inglês**. Extremamente simples, ele faz o melhor uso possível de um ingrediente local – a cereja ao marasquino de Julian Temperley, aprimorada por seu eau de vie de maçã – e ilumina um dia na praia, que só Deus sabe quanto é necessário na Inglaterra! Esse drinque também prepara você para um banquete. ***Missão cumprida.***

1 cereja morello ao eau de vie Somerset [ou Calvados]

125 ml de Nyetimber gelado

vinho espumante ou champanhe

Coloque uma cereja com 1-2 colheres (chá) do eau de vie no fundo de uma taça champanhe saucer. Adicione o espumante e sirva imediatamente.

Dica da Kay: Você encontra essa cereja nos restaurantes do Mark Hix.

GLOOM CHASER

Cítrico, primaveril e radiante, esse drinque espanta a tristeza. Foi inventado para curar ressaca, mas também é um ótimo aperitivo no fim de um longo dia.

20 ml de Grand Marnier
20 ml de Curaçao de laranja
20 ml de suco de limão-siciliano
um splash de grenadine
um twist de limão-siciliano ou de limão-taiti, para guarnecer

Encha uma coqueteleira com gelo, adicione os ingredientes líquidos e bata até gelar bem. Coe para uma taça de coquetel e guarneça com um twist de limão-siciliano ou de limão-taiti. Ou ambos.

BELLINI

Diretamente do Harry's Bar, em Veneza, o Bellini é um prazer daqueles dias de início de verão. Algumas pessoas o preparam com champanhe, outras com nectarina. Todas estão erradas: ele deve ser feito com pêssego e Prosecco. Não aceite imitações.

2 colheres (sopa) de polpa de pêssego

Prosecco gelado, para cobrir

Com uma colher, coloque a polpa do pêssego no fundo de uma taça e cubra cuidadosamente com Prosecco. Digo cuidadosamente porque a fruta fará com que o Prosecco borbulhe mais do que de costume, algo que sempre esqueço. Mexa um pouquinho para que o pêssego suba e sirva.

Arancini
p. 184
Biscoito de cheddar inglês e parmesão
p. 181

Drinques sem álcool

Desnecessário dizer quanto ficar sóbrio é algo positivo, em particular quando se está dirigindo. Também não vejo razão para aqueles que não bebem não aproveitarem um drinque delicioso.

DRINQUES SEM ÁLCOOL

TRÊS LIMONADAS

Em um dia quente, não há nada mais refrescante que um copo de limonada geladinha. Aqui vão três receitas, que eu chamo de frescor ao cubo – de gelo!

1 LIMONADA CLÁSSICA

8-10 PORÇÕES

175 g de açúcar de confeiteiro
225 ml de água
350 ml de suco de limão-siciliano (6-8 unidades)
1 litro de água gelada

Coloque o açúcar e a água em uma panela em fogo médio e mexa até que o açúcar esteja dissolvido. Não deixe ferver. Transfira para uma jarra medidora refratária e deixe esfriar.

Coloque metade do xarope de açúcar em uma jarra. Adicione o suco de limão e a água e experimente a limonada. Caso ache que está muito azeda, coloque mais xarope, até que fique do seu agrado. Sirva com gelo em copos highball.

2 MANJERICÃO E HORTELÃ

8-10 PORÇÕES

1 receita de Limonada clássica (à esquerda)
20 g de folhas de manjericão
20 g de folhas de hortelã

Coloque a Limonada clássica em um liquidificador e adicione as folhas de manjericão e de hortelã picadas. Bata até que fique quase homogêneo e coe com uma peneira fina para uma jarra. Sirva com gelo em copos highball.

Nota: O xarope de açúcar desta página não é tão doce quanto o da p. 17. É uma questão de preferência e de equilibrar o contraste entre a acidez e o dulçor da limonada. Adicione mais açúcar, se desejar.

3 COM FRAMBOESA

10 PORÇÕES

300 g de framboesa
175 g de açúcar de confeiteiro
225 ml de água
350 ml de suco de limão-siciliano (6-8 unidades)
1 litro de água gelada

Esprema a framboesa em uma peneira com o auxílio de uma colher de pau e descarte as sementes. Siga o modo de preparo da Limonada clássica (à esquerda) para fazer o xarope de açúcar. Quando o xarope esfriar, misture-o com o purê de framboesa e o suco de limão e complete com a água gelada. Sirva com gelo em copos highball.

1
2
3

RUDE BOY

Inventei esse drinque para os meus sobrinhos Alex e Alastair quando eles eram mais novos. No lugar da gengibirra, usávamos um refrigerante de abacaxi que eles adoravam e que deixava o drinque ainda mais doce.

60 ml de smoothie de frutas amarelas

30 ml de xarope de açúcar (p. 17)

gengibirra gelada, para cobrir

1 fatia de laranja ou 1 cereja ao marasquino, para guarnecer

Encha um copo collins com gelo. Adicione o smoothie e o xarope de açúcar e cubra com a gengibirra. Misture os ingredientes, mexendo-os, guarneça com a fatia de laranja ou a cereja e sirva imediatamente.

SHIRLEY TEMPLE

Dizem que foi inventado no fim da década de 1930 em homenagem à estrela mirim em um restaurante de Beverly Hills chamado Chasen's. Ou Brown Derby. Ou Royal Hawaiian. (Todos esses restaurantes existiam na época!) ***Dizem que ela nunca foi muito fã desse drinque.***

ginger ale [p. 114] ou 7Up gelado, ou uma mistura dos dois em partes iguais

um dash de grenadine

1 cereja ao marasquino, para guarnecer

Encha um copo com cubos de gelo e os refrigerantes. Adicione o dash de grenadine e guarneça com uma cereja ao marasquino.

1
2

Nozes torradas com alecrim e pimenta

p. 179

QUATRO DRINQUES REFRESCANTES

Acentuados, radiantes e reanimadores, esses drinques vão avivar até o paladar mais exausto!

1 CUMFETANYA

No México, o hibisco é chamado de *flor de jamaica*. Para tornar essa variação *de agua fresca* de hibisco ainda mais jamaicana, adicionei pimenta-da-jamaica e gengibre e dei o nome da casa dos avós do meu marido em Montego Bay, que significa "ficaremos aqui até o final". O drinque é vermelho e completo, refrescante e aromático, perfeito para um dia de verão. **Note que você deve prepará-lo no dia anterior àquele em que deseja servi-lo.**

8-10 PORÇÕES

- 15 g de flor de hibisco ou rosélia desidratada
- 1 colher (sopa) de pimenta-da-jamaica moída
- 1 pedaço de gengibre de 2 cm descascado e picado grosseiramente
- 250 ml de água
- 75 g de açúcar
- 1 litro de água gelada
- cunhas de limão-taiti, para servir

Coloque a flor de hibisco, a pimenta e o gengibre em uma panela com água e leve à fervura. Deixe borbulhar por 5 minutos, tire do fogo e adicione o açúcar. Mexa para dissolver, depois coloque todos os ingredientes em uma jarra refratária e complete com a água gelada. Deixe curtir por uma noite, coe e sirva em copos altos com gelo. Esprema uma cunha de limão em cada copo para finalizar o drinque.

Veja a foto do drinque na p. 136

2 SPRITZER DE LIMÃO-TAITI E CAPIM-LIMÃO

Frisante e com gostinho de limão, esse drinque é **a síntese da palavra refrescante.** Adicione hortelã ou manjericão para guarnecer, se desejar.

2 PORÇÕES

1 talo de capim-limão aparado e picado, mais 1 talo, para guarnecer

60 ml de suco de limão-taiti

30 ml de xarope de açúcar (p. 17)

água gaseificada gelada, para cobrir

Distribua o capim-limão picado em dois copos collins e amasse-o com um socador para liberar os óleos. Encha os copos de gelo e adicione o suco de limão e o xarope de açúcar. Complete com a água gaseificada, mexa brevemente e guarneça com o outro talo do capim-limão.

Veja a foto do drinque
na p. 136

3 COOLER DE TAMARINDO

Khun Jao Fa é o gerente executivo do charmoso Tamarind Village Hotel, em Chiang Mai. Também é um cozinheiro fantástico. Ele criou esse drinque muito refrescante e sem álcool para o menu do bar do hotel, que é um sucesso absoluto. Adoro como o azedinho do tamarindo corta o doce da goiaba e do abacaxi. Desce muito bem num daqueles dias quentes e úmidos.

90 ml de suco de goiaba vermelha
90 ml de suco de tamarindo (ver abaixo)
90 ml de suco de abacaxi
15 ml de xarope de grenadine
15 ml de xarope de açúcar (p. 17)
15 ml de suco de limão-taiti

Suco de tamarindo:
1 colher (sopa) de tamarindo concentrado
100 ml de água

Para guarnecer:
1 fatia de limão-taiti
1 cereja ao marasquino

Para fazer o suco de tamarindo, misture o tamarindo concentrado com a água.

Encha uma coqueteleira com gelo e adicione todos os ingredientes líquidos. Bata bastante, até que fique bem gelado. Coe para um copo highball, guarneça com a fatia de limão e a cereja ao marasquino e sirva.

Notas:
É possível encontrar o tamarindo concentrado em mercados e lojas de produtos orientais.

Às vezes, é difícil encontrar suco de goiaba puro. Pode-se usar néctar de goiaba no lugar, mas, nesse caso, deixe o xarope de açúcar de fora.

Veja a foto do drinque
na p. 137

4 O AUTÊNTICO ICED TEA

Por favor, por favor, por favor, não use chá com sabor estranho nesse drinque! É uma receita tradicional e original de chá gelado, com o objetivo de refrescar um dia quente. O método de infusão a frio resulta em um lindo chá de cor clara. Não economize no gelo.

4 PORÇÕES

4 saquinhos de chá ou 4 colheres (chá) de folhas de chá mate

1 litro de água gelada

cunhas de limão, para guarnecer

Coloque o chá em uma jarra e adicione a água. Leve a infusão à geladeira, mexendo-a de tempos em tempos, até que atinja uma linda cor de mogno – em 2-4 horas, dependendo do quão forte você queira o chá. Coe, se estiver usando as folhas, e reserve até a hora de servir. Encha quatro copos collins com gelo e distribua o chá entre eles. Guarneça com as cunhas de limão e sirva.

Dica da Kay: Para adoçar o chá, prefiro xarope de agave a açúcar.

Veja a foto do drinque na p. 137

ICED COFFEE LEVAN-THAI

Adoro os cafés com especiarias encontrados em todo o Levante. E também o café gelado ao estilo tailandês adoçado com leite condensado. Pensei, então, em combinar os dois. Gosto de imaginar comerciantes libaneses saboreando o drinque às margens do rio Chao Phraya após a inspeção de suas cargas.

4 PORÇÕES

- 12 bagas de cardamomo
- 1 anis-estrelado
- 1 pedaço de 2 cm de canela em pau
- 3-4 colheres (sopa) de café moído
- açúcar a gosto

Use um pilão e um almofariz para moer as especiarias e liberar o sabor. Misture-as ao café moído e coloque tudo na divisória para café de uma cafeteira italiana de 450 ml. Encha a parte de baixo com água e faça a infusão como se fosse um café normal. Quando estiver pronto, retire o café e deixe esfriar.

Para servir, distribua o café gelado entre quatro copos de chá com cubos de gelo. Adicione açúcar a gosto.

Dica da Kay: Para servir o drinque na cor branca, misture o café com leite condensado até atingir o tom desejado. Distribua a mistura nos copos de chá com cubos de gelo. O leite condensado é suficiente para adoçar.

Comidinhas

Tentei buscar um equilíbrio entre petiscos fáceis de preparar e alguns que dão um pouquinho mais de trabalho nas receitas a seguir. Mas todas elas são deliciosas.

1

2
3

SOPAS, ESPETINHOS E TIRA-GOSTOS

TRÊS SHOTS DE SOPA

O melhor desses coquetéis salgados é que podem ser preparados com bastante antecedência. Também é possível servi-los em pequenas colheres.

1 SOPA DE TOMATE E MANJERICÃO COM SANDUÍCHE DE QUEIJO GRELHADO

Antes de qualquer coisa, peço que você só prepare essa sopa quando conseguir encontrar tomates maduros e suculentos, o que vai fazer toda a diferença no gosto e na coloração. Sanduíches de queijo como acompanhamento sempre fazem sucesso!

24-28 PORÇÕES

500 g de tomate

1 colher (sopa) de azeite

½ cebola picada

2 dentes de alho picados

750 ml de caldo de legumes

1-2 colheres (sopa) de purê de tomate (caso os tomates não estejam maduros)

um bom punhado de manjericão picado

sal marinho e pimenta-do-reino moída na hora

sanduíches de queijo grelhado, para acompanhar (ver abaixo)

Sanduíche de queijo grelhado:

um pouco de manteiga

8 fatias de pão de fôrma branco

queijo fatiado suficiente para quatro rodadas de sanduíches

Dica da Kay: Não sirva os shots de sopa muito quentes: os convidados podem se queimar e ter dificuldade para segurar o copo. E confira antes se o copo é resistente a altas temperaturas.

Mergulhe os tomates em uma tigela com água fervente por 1-2 minutos. Escorra-os, remova a pele e as sementes e pique-os grosseiramente. Esquente o azeite em uma panela grande em fogo baixo. Adicione a cebola e deixe-a refogar até que fique macia. Acrescente o alho e refogue por mais 1-2 minutos. Coloque os tomates e mexa bem; em seguida, adicione o caldo de legumes e o purê de tomate e leve à fervura.

Reduza o fogo e cozinhe por 5-10 minutos. Tempere com sal e pimenta. Retire do fogo e deixe esfriar por alguns minutos. Transfira para um liquidificador ou processador e bata até obter uma mistura homogênea. Adicione o manjericão e bata mais um pouco. Experimente e ajuste o tempero, se necessário. Retire do fogo e reserve.

Para os sanduíches de queijo grelhado, passe manteiga sobre as fatias de pão e recheie com o queijo fatiado (a manteiga fica do lado de fora do pão). Leve-os ao fogo em uma frigideira quente e seca até dourar dos dois lados. Corte-os em quatro e sirva-os em espetos com a sopa, se preferir. A sopa pode ser servida quente ou fria, tendo os sanduíches como acompanhamento.

Veja a foto da receita
na p. 146

2 SOPA DE BETERRABA, MAÇÃ E RAIZ-FORTE

Só o **rosa-choque** dessa sopa já seria motivo suficiente para prepará-la, mas o sabor dela também é sublime.

24-30 PORÇÕES

500 g de beterraba com casca cortada em pedaços
250 g de maçã cox [ou fuji] com casca sem sementes e cortada em quartos
3 ramos de tomilho
1 ramo de alecrim
4 colheres (sopa) de azeite
1 cebola bem picada
1 dente de alho picado
1 litro de caldo de legumes
2 colheres (chá) de raiz-forte ralada
uma pitada de açúcar
sal marinho e pimenta-do-reino moída na hora
sour cream, para acompanhar (opcional)

Veja a foto da receita na p. 147

Pré-aqueça o forno a 200°C. Coloque a beterraba e a maçã em uma assadeira com o tomilho e o alecrim. Regue com 2 colheres (sopa) de azeite, tempere com um pouco de sal e pimenta e cubra com papel-alumínio. Asse por 40 minutos, até a beterraba ficar macia. Com a assadeira ainda coberta, reserve-a para esfriar, para que a umidade seja mantida e fique mais fácil descascar. Descasque a beterraba e a maçã e reserve-as.

Aqueça as outras 2 colheres (sopa) de azeite em fogo médio em uma panela grande. Adicione a cebola e refogue-a até que fique macia e levemente corada. Acrescente o alho e mexa por 1 minuto. Coloque a beterraba e a maçã e misture bem. Despeje o caldo de legumes e deixe ferver.

Cozinhe por 5-10 minutos e adicione a raiz-forte e o açúcar. Tempere com sal e pimenta. Desligue o fogo e deixe a sopa esfriar por alguns minutos. Transfira-a para um liquidificador ou processador e bata até que fique homogênea. Prove e ajuste o tempero, caso necessário.

Sirva quente ou fria, decorada com uma pequena espiral de sour cream, se desejar.

3 GASPACHO VERDE COM PRESUNTO SERRANO

Com um tom vivo de verde e revigorante como um dia de verão, essa sopa deve ser ***servida gelada em copos de shot***.

24-28 PORÇÕES

- 300 g de pepino descascado e picado
- 1 pimentão verde sem sementes e picado
- 2 dentes de alho picados
- 4 ramos de cebolinha picada
- 100 g de folhas pequenas de espinafre
- 125 g de ervilha congelada
- um punhado de hortelã
- um punhado de manjericão
- 25 g de amêndoa branqueada
- 2 fatias de pão de fôrma tostadas e partidas grosseiramente
- suco de ½ limão-siciliano
- 1 colher (sopa) de vinagre de xerez
- sal marinho e pimenta-do-reino moída na hora
- 4-6 fatias de presunto serrano fritas e crocantes, para decorar

Coloque 5-6 cubos de gelo em um liquidificador ou processador de alimentos e bata-os para triturá-los. Adicione todos os ingredientes – aos poucos, se necessário – e bata até obter uma mistura homogênea. Tempere com sal e pimenta. Não deixe a sopa ficar MUITO encorpada; a ideia é bebê-la, por isso coloque um pouco de água fria para diluí-la, caso necessário.

Quebre cada fatia de presunto em quatro ou seis pedaços, coloque a sopa nos copos de shot e decore cada um com uma lasca de presunto serrano.

Veja a foto da receita na p. 147

1
2
3

4
5
6

ESPETINHOS

Todo mundo gosta de espetinhos. Para mim, metade da diversão de planejar uma festa envolve a chance de criar **novas combinações** e de servir **velhos clássicos** (alguém aceita salsicha com mel?). Aqui estão alguns dos meus favoritos. Prepare quantos precisar! [Não constam quantidades totais dos ingredientes, apenas o que cada espetinho leva]

1 QUEIJO FETA, MELANCIA E HORTELÃ

1 cubo de queijo feta

1 cubo de melancia madura

1 folha de hortelã

2 MIX DE LEGUMES ASSADOS

1 fatia de miniberinjela assada

2 fatias de cenoura assada

1 fatia de abobrinha assada

1 pedaço de pimentão vermelho assado

... tudo regado com redução de vinagre balsâmico

Veja a foto das receitas
nas pp. 152-3

3 FIGO, MUÇARELA E PRESUNTO

¼ de figo maduro

1 bolinha ou cubo de muçarela de búfala

1 folha de manjericão

1 tira de prosciutto

4 PATO DEFUMADO

¼ noz verde [ou 1 cebola pérola] em conserva

1 fatia pequena de pato defumado

5 PIMENTÃO, PRESUNTO E QUEIJO

1 fatia de pimentão pequillo em conserva

1 fatia pequena de presunto serrano

1 cubo de queijo manchego

6 MOO MUAN SUKHOTHAI

Essas saborosas almôndegas de carne de porco, fritas e crocantes, podem ser servidas com bastante molho de pimenta Sriracha. Um aperitivo perfeito que cai muito bem em um espetinho. (Uma olhada nas ruínas de Sukhothai, na Tailândia, é opcional, mas bastante recomendada!)

18-24 UNIDADES

½ colher (sopa) de pimenta-branca em grão

2 raízes de coentro

2 dentes de alho descascados

uma pitada de sal

250 g de carne de porco moída

1 colher (sopa) de molho de peixe tailandês (nam plá)

3-4 colheres (sopa) de óleo vegetal

1 colher (sopa) de farinha de arroz

molho de pimenta Sriracha, para servir

Use um pilão e um almofariz para amassar a pimenta, a raiz de coentro, o alho e o sal até obter uma pasta.

Coloque a carne de porco em uma tigela e, com as mãos, lambuze-a com a pasta, distribuindo-a muito bem. Adicione o molho de peixe e misture bem novamente. Aqueça um pouco de óleo vegetal em uma panela pequena e frite um pedacinho da mistura até que esteja cozida. Prove para verificar o tempero, ajustando-o, caso necessário.

Umedeça as mãos com um pouco de água, faça 18-24 almôndegas e salpique-as de farinha de arroz.

Aqueça um wok ou uma frigideira em fogo médio e, quando quente, adicione o óleo, girando-o um pouco na panela. Quando o óleo estiver pronto, adicione as almôndegas em pequenas porções e frite-as por 2 minutos, ou até dourarem e ficarem bem cozidas.

Coloque-as sobre um papel-toalha por alguns momentos para retirar o excesso de óleo, depois transfira-as para um prato e sirva-as com um pequeno recipiente de molho de pimenta ao lado. Devore-as!

1

2
3

TRIO DE TACOS

Esse trio de tacos pode ser tanto um **petisco substancioso** quanto uma **refeição leve**, de maneira que você pode escolher entre fazer apenas uma das coberturas ou todas elas. Para cada receita, você precisará de seis tortilhas de milho de 10 cm de diâmetro (ver dica abaixo). Lembre-se de não exagerar no recheio, senão ele pode cair no chão! Você também pode deixar todos os ingredientes disponíveis na mesa para que cada convidado monte o seu taco.

Esses tacos vão muito bem com uma Michelada (p. 125) ou uma Margarita (p. 78). Coloque canções de mariachi para tocar e ***sonhe com longas noites mexicanas...***

Dica da Kay: As tortilhas geralmente têm mais que 10 cm de diâmetro. Se esse for o caso, use uma faca bem afiada e um pires para cortá-las no tamanho indicado. Guarde as aparas, pois você pode fritá-las com um pouquinho de óleo vegetal até dourarem e ficarem crocantes e servi-las com sal.

1 TACO DE FRANGO COM AVOCADO

250 g de coxa de frango sem pele, desossada e cortada em pedaços pequenos

1 pimenta chipotle em molho adobo bem picada

uma pitada generosa de orégano desidratado

suco de ½ limão-taiti

suco de ½ laranja

1 dente de alho bem picado

1 colher (sopa) de coentro picado

½ cebola roxa cortada em cubos

1 colher (sopa) de óleo vegetal

6 tortilhas de milho com 10 cm de diâmetro

polpa de ½ avocado grande amassada com um pouco de sal e suco de limão

sal marinho e pimenta-do-reino moída na hora

cunhas de limão-taiti, para servir

Coloque em uma tigela grande os pedaços de frango, a pimenta chipotle, o orégano, os sucos de limão e de laranja, o alho e um pouco de pimenta-do-reino. Deixe marinar por 10-15 minutos.

Em outro recipiente, misture o coentro e a cebola roxa e reserve.

Aqueça o óleo em uma frigideira em fogo médio. Deixe ficar bem quente. Tempere o frango com um pouco de sal e transfira-o com a marinada para a frigideira. Deixe fritar, mexendo e virando de vez em quando, até dourar e estar completamente cozido. Reserve e mantenha aquecido.

Aqueça as tortilhas em uma frigideira seca em fogo baixo, virando-as uma ou duas vezes até que estejam aquecidas. Espalhe uma colher de avocado amassado em cada tortilha. Distribua o frango sobre elas e faça o mesmo com a mistura de coentro e cebola. Sirva com as cunhas de limão.

Veja a foto da receita
na p. 156

2 TACO DE PEIXE COM SALSA PICANTE DE ABACAXI

250 g de peixe branco de carne firme, sem espinha, sem pele (tamboril, hadoque ou tilápia) e cortado em pedaços
1 dente de alho bem picado
1 colher (chá) de pimenta vermelha em pó
1 colher (chá) de cominho em pó
uma pitada generosa de orégano desidratado
1 colher (sopa) de suco de limão-taiti
1 colher (sopa) de óleo vegetal
6 tortilhas de milho com 10 cm de diâmetro
sal marinho e pimenta-do-reino moída na hora
cunhas de limão-taiti, para servir

Salsa:

100 g de abacaxi cortado em cubos pequenos
½ cebola roxa cortada em cubos pequenos
suco de ½ limão-taiti
¼ de pimenta habanero ou serrano sem sementes e cortada em cubos (opcional)
1 colher (sopa) de coentro picado

Coloque o peixe em uma tigela com o alho, a pimenta vermelha, o cominho, o orégano e o suco de limão. Misture delicadamente para cobrir o peixe e reserve por 10-15 minutos.

Para fazer a salsa, misture todos os ingredientes em um recipiente, tempere com sal e reserve até a hora de servir.

Aqueça o óleo em uma frigideira em fogo médio e deixe ficar bem quente. Retire o peixe da marinada, tempere-o com um pouco de sal e leve-o à frigideira. Deixe refogar, mexendo-o e virando-o de vez em quando, até dourar e ficar cozido. Reserve-o e mantenha-o aquecido. Transfira a marinada para a frigideira e deixe ferver por alguns minutos para fazer um molho.

Enquanto isso, coloque as tortilhas em uma frigideira seca em fogo baixo, virando-as uma ou duas vezes, até que estejam aquecidas. Distribua o peixe e o molho sobre elas, cubra com a salsa e sirva com as cunhas de limão.

Veja a foto da receita
na p. 157

3 TACO DE FEIJÃO-PRETO E AVOCADO COM SALSA DE TOMATE

400 g de feijão-preto em conserva
uma boa pitada de orégano desidratado
½ colher (chá) de cominho em pó
6 tortilhas de milho com 10 cm de diâmetro
½ avocado grande cortado em 12 fatias no sentido do comprimento
sal marinho e pimenta-do-reino moída na hora

Salsa de tomate:

100 g de tomate cortado em cubos
1 colher (sopa) de coentro picado
½ cebola roxa bem picada
½ pimenta jalapeño sem sementes e picada
suco de ¼ de limão-taiti

Para fazer a salsa, misture todos os ingredientes em um recipiente, tempere com sal e reserve.

Coloque o feijão-preto com o líquido da conserva, o orégano e o cominho em uma panela, em fogo médio, e tempere com sal e pimenta. Leve à fervura e deixe cozinhar por alguns minutos, até espessar. Retire do fogo e amasse grosseiramente os grãos de feijão, para dar textura. Reserve e mantenha aquecido.

Aqueça as tortilhas em uma frigideira seca em fogo baixo, virando-as uma ou duas vezes, até que estejam aquecidas. Cubra cada uma com uma concha de feijão, duas fatias de avocado e um pouco de salsa de tomate.

Dica da Kay: Se preferir servir as tortilhas e os recheios separadamente, para que cada convidado prepare o taco como desejar, mantenha-as aquecidas enroladas em papel-alumínio, com guardanapos de pano por cima, ou as coloque em cestas próprias para tortilhas.

Veja a foto da receita
na p. 157

1

2
3
5
4

MESA ASIÁTICA

Essa seleção de petiscos com inspiração asiática traz **um pouco do sabor do Oriente**. Nada aqui está gravado em pedra, por isso use a criatividade à vontade – substitua um dos pratos pela Asa de frango caramelada picante (p. 218) ou pelo Moo Muan Sukhothai (p. 155) ou ainda pelo Cestinha de alface (p. 210). Ou esqueça tudo e use uma de suas receitas favoritas! ***O objetivo disso é a diversão!***

1 FOLHADINHO DE CURRY

Essa não é a receita tradicional do pastelzinho crocante de massa folhada com recheio de frango ao curry e batata, mas funciona perfeitamente – e não é preciso lidar com uma massa trabalhosa e depois com fritura. O resultado? Um petisco mais leve e mais brilhante!

36-45 UNIDADES

2 raízes de coentro

2 dentes de alho descascados

2 colheres (sopa) de óleo vegetal

3 colheres (sopa) de molho de soja light

3 colheres (sopa) de água

2 colheres (sopa) de açúcar

1 colher (sopa) bem cheia de curry em pó

1 cebola bem picada

200 g de coxa de frango desossada, sem pele e bem picada ou moída grosseiramente

200 g de batata cozida e picada

1 colher (sopa) de coentro picado

3 folhas de massa folhada pronta

1 ovo batido

sal marinho e pimenta-branca moída na hora

Veja a foto da receita
na p. 162

Use um pilão e um almofariz para macerar a raiz de coentro, o alho e uma pitada de sal e formar uma pasta homogênea. Aqueça o óleo em um wok ou frigideira até ficar bem quente. Adicione a pasta e refogue-a, mexendo constantemente, até que comece a desprender um aroma – o que deve levar apenas alguns segundos. Acrescente o molho de soja, a água, o açúcar e o curry em pó e refogue por mais 1 minuto.

Adicione a cebola, o frango e a batata e deixe refogar por alguns minutos, mexendo de vez em quando, até que o frango esteja cozido. Se estiver com aparência de seco, coloque um pouco de água. Prove e acrescente mais sal, se necessário. Deve ficar agridoce, um pouco picante e úmido. Reserve e espere esfriar, depois adicione o coentro picado e um pouco de pimenta moída.

Preaqueça o forno a 200°C. Com o auxílio de um cortador de massa ou de um aro modelador, corte a massa em 36-45 círculos de 7-8 cm de diâmetro. Coloque uma colher cheia do recheio de frango em cada círculo, pincele as extremidades da massa com água e dobre-as, para que os pastéis fiquem em formato de meia-lua. Dobre as extremidades para dentro ou use os dentes de um garfo para fazer uma borda decorativa. Ficarão deliciosos de qualquer maneira!

Distribua-os em uma assadeira forrada com papel-manteiga e cubra-os com o ovo batido. Asse-os por 20-25 minutos ou até dourarem e crescerem. Sirva-os quentes ou em temperatura ambiente. Você também pode prepará-los com antecedência e reaquecê-los na hora de servir: leve-os ao forno preaquecido a 180°C por 8-10 minutos, até que estejam crocantes e quentes por igual.

2 VIEIRA ASIÁTICA

Delicado, mas repleto de sabores intensos, e servido em ramequins ou tigelas com garfinhos de coquetel, esse é um **petisco simples, mas sofisticado.** Não recomendo fazê-lo para uma festa grande, pois as vieiras devem ser servidas quentes e rapidamente.

12 PORÇÕES

- 12 vieiras grandes
- 2 colheres (sopa) de óleo vegetal
- 4 colheres (sopa) de molho de soja
- uma pitada de açúcar
- 3 colheres (sopa) de vinagre de arroz
- 2 colheres (chá) de óleo de gergelim torrado
- 1 pedaço de 4 cm de gengibre ralado
- um punhado de coentro picado
- ½ pimenta olho de pássaro [ou Scotch bonnet, ou malagueta, ou piripiri] sem sementes e picada (opcional)
- sal marinho e pimenta-do-reino moída na hora

Retire o excesso de umidade das vieiras com papel-toalha e tempere-as com sal e pimenta. Aqueça o óleo em uma frigideira antiaderente em fogo médio até ficar bem quente. Adicione as vieiras e sele-as por 1-1½ minuto de cada lado. Se forem grandes, talvez seja necessário cortá-las ao meio horizontalmente ou cozinhá-las por um período um pouco maior, mas tenha cuidado para não cozinhar demais.

Retire-as do fogo e coloque-as em doze ramequins ou em colheres de porcelana.

Retorne a frigideira ao fogo e adicione o molho de soja, o açúcar, o vinagre, o óleo de gergelim e o gengibre. Deixe a mistura ferver por 30 segundos e despeje um pouquinho desse molho quente sobre cada uma das vieiras. Salpique-as de coentro e pimenta olho de pássaro, se a estiver utilizando. Sirva imediatamente.

Veja a foto das receitas na p. 162

3 BOLINHO TAILANDÊS DE PEIXE COM PICLES

Sirva esses deliciosos bolinhos em **espetos ou com garfinhos de coquetel**.

16-18 UNIDADES

250 g de peixe branco sem espinha e sem pele
2 colheres (sopa) cheias de pasta de curry vermelho tailandês
1 ovo
1 colher (sopa) de vagem cortada em fatias finas
1 colher (sopa) de folha desidratada de limão kaffir cortada em fatias finas
1-2 colheres (sopa) de molho de peixe tailandês (nam plá)
1 colher (chá) de açúcar
uma pitada de sal
óleo, para fritar
folhas fritas de manjericão tailandês, para decorar

Picles de pepino:
75 ml de vinagre de arroz
75 g de açúcar
1 pedaço de 4 cm de pepino cortado longitudinalmente em quartos e depois fatiado
1 echalota cortada em fatias finas
1 colher (sopa) de amendoim sem sal triturado (opcional)
1 pimenta-malagueta fatiada (opcional)
uma pitada de sal

Bata o peixe, a pasta de curry e o ovo em um processador de alimentos até obter uma mistura homogênea. Transfira-a para uma vasilha e adicione a vagem e as folhas de limão. Acrescente 1 colher (sopa) de molho de peixe, o açúcar e o sal.

Aqueça um pouco de óleo em uma panela pequena e frite um pedacinho da massa. Prove o tempero e, se necessário, adicione mais molho de peixe ou açúcar. Espalhe a mistura na vasilha com as mãos para aerá-la: os bolinhos ficarão mais fofos e leves.

Faça o picles aquecendo o vinagre e o açúcar em uma panela pequena em fogo baixo, até que o açúcar se dissolva. Ferva até engrossar, depois retire do fogo e deixe esfriar. Adicione o pepino, a echalota e um pouco de água fria, além do amendoim e da pimenta, se desejar. Tempere com sal e reserve.

Os bolinhos devem ser fritos com óleo bem quente somente na hora de servi-los. Molhe um pouco as mãos e divida a mistura de peixe em 16-18 bolinhos achatados. Frite apenas alguns de cada vez, até que dourem. Retire o excesso do óleo com papel-toalha e sirva imediatamente com o picles e folhas fritas de manjericão tailandês, para decorar.

4 ROLINHO VIETNAMITA

Adaptação de um clássico vietnamita, esses rolinhos podem ser feitos com até 3 horas de antecedência. Embrulhe-os em filme de PVC. Você terá que envolvê-los rapidamente, por isso tenha todos os ingredientes à mão. Tenha também algumas folhas de papel de arroz extras, pois é provável que algumas rasguem!

16 UNIDADES

- pedaços de 16 cm x 16 cm de papel de arroz
- 16 camarões-rosa cozidos, descascados e cortados pela metade, no sentido do comprimento
- 125 g de cenoura cortada em palito
- ½ pepino grande descascado e cortado em palito
- 4 cebolinhas cortadas longitudinalmente em fatias bem finas
- 50 g de broto de feijão
- 50 g de bifum (macarrão de arroz) cozido e escorrido
- 1 pé de alface-romana rasgado finamente
- 16 folhas de hortelã
- 16 folhas de manjericão tailandês
- Dip tailandês de amendoim, para servir (ver próxima página)

Encha uma vasilha grande e rasa com água morna. Mergulhe nela 1 folha de papel de arroz por 15 segundos para amolecê-la. Ela deve ficar macia, mas não grudenta nem completamente dissolvida. Estenda-a sobre uma tábua de cortar e coloque duas metades de camarão logo acima do centro, com as faces achatadas para cima.

Distribua alguns pedaços de cenoura, pepino, cebolinha e broto de feijão alinhados logo abaixo dos camarões. Cubra com um pouco de bifum e algumas tiras de alface. Para terminar, coloque 1 folha de hortelã e 1 de manjericão por cima.

Pegue a parte de baixo do papel de arroz e enrole-a cuidadosamente para cima sobre o recheio, coloque as laterais do papel para dentro e enrole-o novamente para selar. A emenda deve ficar para baixo, e os camarões virados para cima, no alto do rolinho.

Repita a operação com o restante dos ingredientes até formar um total de dezesseis rolinhos. Tente enrolá-los o mais apertado possível para evitar vazamentos. Pode ser que os primeiros não fiquem tão bons, mas não se preocupe: você pega o jeito! Cubra-os com um pano de prato limpo umedecido para evitar que ressequem. E deixe um espaço entre eles para que não grudem.

Quando for servi-los, corte enviesadamente cada rolinho pela metade e sirva com o Dip tailandês de amendoim (p. 169).

5 DIP TAILANDÊS DE AMENDOIM

Foi Khun Jao Fa – aquele do Cooler de tamarindo (p. 140) – quem me apresentou a esse fabuloso dip. Reduzi a pimenta e adicionei coentro para suavizá-lo um pouco, mas tenha cuidado: ainda assim **é bem picante!**

- 3 raízes de coentro cortadas em pedaços
- 3-4 dentes de alho descascados
- 2-4 pimentas olho de pássaro [ou Scotch bonnet, ou malagueta, ou piripiri]
- 85 g de pé de moleque quebrado em pedaços
- 2 colheres (sopa) de molho de peixe tailandês (nam plá)
- 2 colheres (sopa) de suco de limão-taiti
- 1 colher (chá) de açúcar
- 2 colheres (sopa) de água quente
- 1 colher (sopa) de coentro picado

Use um pilão e um almofariz para amassar e triturar a raiz de coentro, o alho e a pimenta e formar uma pasta homogênea. Adicione o pé de moleque e misture-o à pasta.

Acrescente o molho de peixe, o suco de limão, o açúcar e a água e mexa para que os ingredientes se misturem à pasta. Para terminar, adicione o coentro picado e mexa. Se o molho estiver muito grosso, coloque um pouco mais de água. Transfira para uma vasilha pequena e sirva com o Rolinho vietnamita (ver página anterior).

Nota: Se desejar reduzir ainda mais a intensidade da pimenta, remova as sementes antes de amassá-la.

Veja a foto da receita na p. 163

1
2

3

TRÊS BRUSCHETTAS

A simplicidade da bruschetta – **basicamente uma torrada com uma adorável cobertura** – esconde o quanto é deliciosa. Mas tudo depende da qualidade do pão e das coberturas. Sugiro três delas aqui. O ideal é que o pão seja tostado em uma grelha quente, embora eu use a torradeira quando estou com pressa.

Veja a foto das receitas nas pp. 170-1

1 BRUSCHETTA DE ROQUEFORT E GELEIA DE CEBOLA

Sim, geleia de cebola, mas NÃO a que você já conhece! É rápida e fácil de fazer e absolutamente deliciosa!

- 15 g de manteiga sem sal
- 1 colher (sopa) de azeite
- 2 cebolas cortadas ao meio e fatiadas
- 2 colheres (sopa) de geleia de laranja de boa qualidade
- uma boa pitada de folhas de manjerona (opcional)
- 6 fatias de pão rústico (italiano)
- 150-200 g de roquefort
- sal marinho e pimenta-do-reino moída na hora

Aqueça a manteiga e o azeite em uma panela em fogo baixo até que fiquem bem quentes. Adicione a cebola e refogue-a por cerca de 20 minutos, até que esteja macia, porém sem perder a textura. Se quiser, no final aumente o fogo para dourá-la, mas tome cuidado para não queimar.

Acrescente uma pitada de sal e a pimenta. Retire as cebolas do fogo e logo adicione a geleia, mexendo bem, até tudo que esteja misturado. Coloque as folhas de manjerona, se desejar, e mexa mais um pouco. Prove e ajuste o tempero. Deixe esfriar e guarde na geladeira até a hora de servir.

Toste as fatias de pão. Cubra cada uma com uma boa porção de roquefort, finalize com a geleia de cebola e sirva.

2 BRUSCHETTA DE RICOTA, ROMÃ E TOMILHO

Contas brilhantes de rubi sobre um fundo branco como a neve...

6 fatias de pão rústico (italiano)
1 dente de alho cortado ao meio
200-250 g de ricota de búfala
100 g de semente de romã
um punhado de folhas de tomilho
sal marinho e pimenta-do-reino moída na hora

Toste as fatias de pão e esfregue o alho sobre elas enquanto ainda estão quentes. Passe a ricota e espalhe as sementes de romã e as folhas de tomilho, tempere com sal e pimenta e sirva.

Dica da Kay: Escolha um pão rústico, como o italiano, da melhor qualidade para fazer bruschettas. Você também pode usar baguetes. Nesse caso, cada receita é suficiente para dezoito fatias.

3 BRUSCHETTA DE BACON E ALECRIM

O bacon é gorduroso. O alecrim, pontiagudo. O sal marinho, crocante. Uma mistura de texturas que é ***a perfeição!***

12 UNIDADES

6 fatias de pão rústico (italiano)
1 dente de alho cortado ao meio
azeite extravirgem de boa qualidade, para regar
12-18 fatias finas de bacon
um punhado de folhas de alecrim bem picadinhas
sal marinho e pimenta-do-reino moída na hora

Toste as fatias de pão e esfregue o alho sobre elas enquanto ainda estão quentes. Regue-as com um pouco de azeite.

Estenda uma fatia de bacon sobre cada bruschetta e cubra com uma pitada de alecrim, um pouco de pimenta moída e uma pitada de sal marinho. Para finalizar, regue novamente com seu melhor azeite extravirgem e sirva.

1
2

4
3

TÁBUA DE MEZZE

Muitas vezes, naqueles dias sem sol em que não dá para fazer nada fora de casa, **ofereço piqueniques na minha sala para os amigos.** Uma toalha de mesa colorida no chão e uma exótica tábua de mezze ***evocam um passeio em um tapete mágico*** para lugares bem distantes – e ensolarados! Garanta os pratinhos de azeitona – tanto pretas quanto verdes – da melhor qualidade, cenoura, folhas amargas de endívia, rabanetes e, naturalmente, os deliciosos pães pita e lavash. Cada um dos pratos a seguir serve doze pessoas, mas, juntos, podem contemplar bem mais convidados.

1 SALADA DE SALSA

Repleta de sabores mediterrâneos, essa salada é perfeita para ser saboreada com pão.

12 PORÇÕES

75 g de folhas de salsa bem picadas
1 cebola roxa bem picada
2 colheres (sopa) de alcaparra escorrida e picada
2 colheres (sopa) de azeitona preta bem picada
1 dente de alho bem picado
1 dedo-de-moça sem sementes e picada (opcional)
75 ml de azeite extravirgem
sucos e raspas de ½ limão-siciliano
sal marinho e pimenta-do-reino moída na hora

Para decorar:
2 colheres (sopa) de sementes de romã
½ colher (chá) de sumagre

Em uma vasilha, misture bem os seis primeiros ingredientes. Em seguida, adicione o azeite, o suco e as raspas de limão e tempere com sal e pimenta. Reserve em temperatura ambiente por 30 minutos a 1 hora e sirva com as sementes de romã e o sumagre salpicados.

2 LABNEH

Possui textura cremosa e o vigor do alho.

12 PORÇÕES

500 g de iogurte grego
2 dentes de alho amassados
sal marinho e pimenta-do-reino moída na hora

Para decorar:
azeite extravirgem
1 colher (chá) de zahtar

Coloque uma peneira sobre uma vasilha, cubra-a com um pedaço de musselina ou um pano multiuso com furinhos novo e despeje o iogurte. Torça o pano no alto para cobrir o iogurte e coloque-o na geladeira por 24 horas, espremendo a parte superior do pano de vez em quando para drenar a parte líquida do iogurte.

Transfira o iogurte drenado para uma vasilha e adicione o alho, macerando-o, além do sal e da pimenta. Para servir, regue com azeite extravirgem e salpique de zahtar.

3 SALADA DE PIMENTÃO VERMELHO ASSADO

É tão colorida e muitíssimo saborosa!

12 PORÇÕES

6 pimentões vermelhos
3-4 colheres (sopa) de azeite extravirgem
folhas de tomilho (destacadas do ramo)
sal marinho e pimenta-do-reino moída na hora

Segure o pimentão sobre a chama do fogão e vire-o, até que a pele queime por igual. Você também pode fazer isso sobre uma grelha. Passe-o para uma vasilha, cubra com filme de PVC e reserve por cerca de 30 minutos. O vapor facilitará a remoção da pele.

Quando estiver frio o bastante para manusear, remova a pele cuidadosamente, depois corte em quartos no sentido do comprimento e remova as sementes e o miolo. Distribua em um prato e acrescente o azeite e as folhas de tomilho. Tempere com sal e pimenta.

Veja a foto das receitas
nas pp. 174-5

4 HOMUS

Homus com limão e alho é sempre um sucesso!

12 PORÇÕES

800 g de grão-de-bico em conserva lavado e escorrido
2 colheres (sopa) de tahine
2 dentes de alho picados
uma pitada generosa de cominho moído
2 colheres (sopa) de suco de limão-siciliano
um fio generoso de azeite extravirgem, mais um pouco para decorar
150-200 ml de água morna
sal marinho e pimenta-do-reino moída na hora

Para decorar:
uma pitada de pimenta-de-caiena ou sumagre
fatias de alho frito (opcional)

Coloque o grão-de-bico, o tahine, o alho, o cominho, o suco de limão e o azeite em um liquidificador ou processador de alimentos e bata até obter uma mistura homogênea. Vá adicionando a água morna aos poucos para dar ao homus uma consistência cremosa. Tempere com sal e pimenta.

Passe o homus para uma vasilha e sirva em temperatura ambiente, decorado com pimenta-de-caiena ou sumagre, regado com azeite e um pouco de alho frito, se desejar.

Veja a foto da receita na p. 175

Amêndoa salgada
p. 33

CASTANHAS

Castanhas combinam MUITO bem com coquetéis. Não estipulei tamanhos de porções aqui porque já presenciei ocasiões em que foram devoradas por poucos e ignoradas (estranhamente) por muitos. ***Deixo a seu critério!***

NOZES TORRADAS COM ALECRIM E PIMENTA

200 g de nozes cortadas ao meio
½ colher (sopa) de azeite
½ colher (sopa) de manteiga sem sal
folhas de 1 ramo pequeno de alecrim bem picadinhas, mais um pouco para decorar
2 colheres (chá) de açúcar de confeiteiro
1 colher (chá) de pimenta-de-caiena
sal marinho

Preaqueça o forno a 180°C. Distribua as nozes sobre uma assadeira e leve-as ao forno por 5-8 minutos ou até que estejam tostadas. Fique de olho, pois elas queimam facilmente. Retire do forno e reserve.

Aqueça o azeite e a manteiga em uma frigideira em fogo médio. Quando a manteiga derreter, adicione o alecrim, o açúcar e a pimenta-de--caiena. Mexa até todos os ingredientes ficarem bem misturados e o açúcar derreter. Adicione as nozes e mexa para cobri-las.

Desligue o fogo e passe as nozes temperadas para uma vasilha. Acrescente uma pitada generosa de sal marinho e mexa. Deixe esfriar um pouco e sirva com mais um pouquinho de sal e alecrim.

Veja a foto da receita
na p. 137

AMENDOIM DO PAYON

Esse petisco do restaurante Payon é delicioso e fica pronto em minutos.

200 g de amendoim salgado
½ limão-taiti cortado em lascas
2 cebolinhas bem picadas (apenas a parte verde)
1 pimenta-malagueta sem sementes e bem picada

Misture todos os ingredientes em uma pequena vasilha. Sirva imediatamente.

Veja a foto da receita
na p. 118

VEGETAIS, GRÃOS E QUEIJOS

BATATA FRITA À MODA DO TAYLOR'S

No Taylor's Steakhouse, em Los Angeles, eles não só servem uma ótima bisteca na chapa ("tostada e malpassada"), mas também tornam a espera deliciosamente divertida com batatas fritas direto da frigideira para acompanhar o seu aperitivo. **É um clássico.** Eis a minha homenagem...

500 g de batata
1 litro de óleo vegetal
uma boa pitada de sal marinho
uma pitada de páprica (opcional)

Descasque as batatas, corte-as em fatias bem fininhas, preferencialmente com o auxílio de uma mandolina. Mergulhe-as em um recipiente com água gelada por 10 minutos para remover o amido. Escorra a água, coloque as fatias sobre um pano de prato limpo e seque-as por completo.

Aqueça bem o óleo em uma panela. (Estará pronto quando colocar um pedacinho de pão e ele tostar em menos de 1 minuto.) Frite aos poucos até dourarem, retire-as imediatamente e coloque-as sobre um papel-toalha. Se fritar muitas ao mesmo tempo, o óleo esfriará, e as batatas ficarão murchas.

Para finalizar, polvilhe as batatas com sal e páprica, se desejar.

BISCOITO DE CHEDDAR INGLÊS E PARMESÃO

Esses deliciosos biscoitos são facílimos de fazer e ficam **divinos com Dry Martini ou Coquetel de champanhe**. Pensando bem, combinam com qualquer drinque! E, apesar de deliciosos frios, ficam ainda mais especiais quando servidos quentes.

24 UNIDADES

125 g de farinha de trigo, mais um pouco para polvilhar

65 g de manteiga sem sal gelada cortada em cubinhos

30 g de cheddar inglês ralado na hora

30 g de parmesão ralado na hora

1 clara grande

uma pitada generosa de pimenta-de-caiena, mais um pouco para decorar

sal marinho e pimenta-do-reino moída na hora

Preaqueça o forno a 170°C. Coloque a farinha em um recipiente grande, acrescente a manteiga e, com a ponta dos dedos, misture até obter uma farofa. Adicione os queijos ralados, a clara, a pimenta-de-caiena, o sal e um pouco de pimenta-do-reino e mexa. Misture bem com as mãos até que vire uma massa consistente. Se estiver muito seca, coloque um pouco de água fria, mas só um pouco.

Abra a massa sobre uma superfície fria e enfarinhada. Deixe-a com 5 mm de espessura e corte 24 biscoitos usando uma carretilha de 5 cm. Disponha-os em uma assadeira forrada com papel-manteiga. Asse por 20 minutos, até os biscoitos dourarem e tostarem. Sirva quente, diretamente do forno, se possível. Polvilhe com um pouco de pimenta-de-caiena, se desejar.

Veja a foto da receita
na p. 128

LOU CACHAT

Mais do que uma receita, essa é uma **tradição provençal**: uma maneira de aproveitar sobras de queijos. ***E fica ainda melhor após um dia na geladeira.***

8-12 PORÇÕES

- 3 dentes de alho descascados
- 400-500 g de sobras de queijos macios (os de cabra e de ovelha são particularmente bons para esse fim)
- uma pitada generosa de folhas de tomilho
- folhas de 1 ramo de alecrim
- 2 colheres (sopa) de eau de vie, conhaque ou Calvados
- sal marinho e pimenta-do-reino moída na hora
- fatias de baguete, para servir

Use um pilão e um almofariz para amassar o alho com um pouco de sal marinho até formar uma pasta homogênea. Adicione os queijos e amasse-os. Acrescente as ervas, o eau de vie e um pouco de pimenta e misture tudo até ficar cremoso. Talvez um garfo grande ou um amassador de batata seja útil. Coloque em um pote de geleia ou de conserva, tampe e mantenha refrigerado até a utilização.

Retire da geladeira pelo menos 30 minutos antes e sirva com a baguete.

TAPENADE

Com forte sabor provençal, essa tapenade de alho deve ser usada com moderação! Sirva-a com palitos de vegetais ou fatias de baguete tostadas. Se sobrar, use-a para **temperar um cordeiro** antes de levá-lo ao forno ou à churrasqueira.

CERCA DE 300 ML

- 300 g de azeitona preta sem caroço
- 6 colheres (sopa) de alcaparra lavada
- folhas de 1 ramo grande de alecrim
- 8 dentes de alho picados
- 6-8 colheres (sopa) de azeite
- 50 g de anchova conservada em azeite e escorrida (opcional)
- 1 colher (sopa) de conhaque
- suco de ½ limão-siciliano
- sal marinho e pimenta-do-reino moída na hora

Coloque todos os ingredientes em um liquidificador ou processador de alimentos e bata até misturar bem, mas preservando a textura. Experimente e adicione mais suco de limão ou ajuste o tempero, se necessário. Sirva imediatamente ou mantenha na geladeira em recipiente hermético até a hora de servir. Dura 1 semana.

ARANCINI

Esses bolinhos de risoto têm um **recheio delicioso** de muçarela derretida. Sirva-os sozinhos ou com um dip de tomate. O risoto deve ser preparado no dia anterior.

36 UNIDADES

- 1,2 litro de caldo de legumes
- 1 colher (sopa) de azeite
- 20 g de manteiga
- 1 cebola bem picada
- 1 dente de alho bem picado
- 250 g de arroz arbóreo
- 100 ml de vinho branco
- 1 colher (sopa) de parmesão ralado na hora
- 2 colheres (sopa) de salsa picada
- raspas finas de ½ limão-siciliano
- 3 ovos
- 1 colher (sopa) de suco de limão--siciliano (opcional)
- 50 g de farinha de trigo
- 125 g de farinha de rosca
- 75 g de muçarela de búfala cortada em 36 pedaços
- óleo vegetal, para fritar
- Dip de tomate e manjericão (p. 185), para servir (opcional)

Comece pelo risoto. Em uma panela, ferva o caldo de legumes, reduza o fogo e deixe em fogo baixo. Em outra panela, aqueça o azeite e derreta a manteiga em fogo de baixo a médio. Adicione a cebola e refogue até ficar translúcida. Coloque o alho e refogue por mais 1 minuto. Acrescente o arroz e mexa até misturar bem.

Adicione o vinho, aumente o fogo e mexa, até que o vinho seja absorvido. Acrescente uma concha cheia de caldo de legumes. Cozinhe o arroz em fogo médio, mexendo sempre, até que a maior parte do caldo seja absorvida. Coloque mais caldo, tomando cuidado para não encharcar o arroz, e continue mexendo, até que o caldo seja absorvido novamente. Continue nesse processo, adicionando caldo e mexendo até que seja absorvido, até que o arroz atinja a textura desejada. É provável que sobre um pouco de caldo.

Quando o arroz estiver pronto, tempere-o com sal e pimenta. Adicione o parmesão, a salsa e as raspas de limão. Misture bem e reserve para esfriar. Mantenha refrigerado por até 2 dias, até preparar o arancini.

Para fazer o arancini, quebre um dos ovos dentro do risoto e misture bem. Se desejar, acrescente o suco de limão, para obter um sabor cítrico extra.

Veja a foto da receita na p. 128

Prepare uma área de produção em três estágios: coloque a farinha de trigo em um recipiente e tempere com sal e pimenta. Coloque a farinha de rosca em outro recipiente e bata os ovos remanescentes em um terceiro recipiente.

Com as mãos frias e levemente umedecidas, faça 36 bolas de risoto do tamanho de uma noz grande. Achate-as levemente com a palma da mão, empurre um pedaço de muçarela dentro de cada uma e remodele-as no formato de bolas, deixando o queijo escondido no meio. Pode ser necessário refrigerar o arancini, se ficar muito grudento.

Uma por vez, passe as bolas de risoto na farinha de trigo para cobri-las, chacoalhando-as delicadamente para remover o excesso. Mergulhe-as no ovo batido e, finalmente, na farinha de rosca. Coloque as bolas em uma assadeira forrada com papel-manteiga.

Aqueça o óleo para fritura em uma panela até ficar bem quente – estará pronto quando colocar um pedacinho de pão e ele tostar em menos de 1 minuto. Frite alguns arancinis por vez, por 3-4 minutos até dourarem e ficarem crocantes. Coloque-os sobre um papel-toalha e sirva com palitos ou garfinhos e com Dip de tomate com manjericão (ver abaixo), se desejar.

DIP DE TOMATE E MANJERICÃO

1 colher (sopa) de azeite

1 cebola bem picada

2 dentes de alho picados

400 g de tomate pelado em lata picado

1 colher (sopa) de purê de tomate

1 colher (chá) de orégano desidratado

um punhado de folhas de manjericão rasgadas em pedaços pequenos

sal marinho e pimenta-do-reino moída na hora

Em uma panela, aqueça o azeite em fogo médio. Acrescente a cebola e refogue até ficar macia. Adicione o alho e refogue por mais alguns minutos. Acrescente o tomate. Coloque também o purê de tomate, o orégano, o sal e a pimenta. Mexa e deixe cozinhar até o molho ficar grosso e reduzir.

Acrescente o manjericão e reserve até esfriar completamente. Coloque o dip em um recipiente e sirva como acompanhamento para o arancini.

TOMATE COM SAL E RABANETE COM MANTEIGA

Petiscos não precisam ser complicados. **Na verdade, as coisas mais simples são muitas vezes as melhores.** E o que poderia ser mais simples ou mais naturalmente belo do que esse par de delícias de verão? Procure cores e variedades diferentes de tomate e tente encontrar rabanetes longos, com suas linhas elegantes e folhas abundantes. **São simplesmente deliciosos!** Não pense nisso como uma receita, porque não é, mas como uma ideia. E o melhor de tudo é não precisar se preocupar com quantidade: ***sirva poucos ou muitos – sirva quantos quiser***!

TOMATES

vários tomatinhos maduros
em temperatura ambiente

sal grosso ou flor de sal

Disponibilize recipientes ou pratos com tomates por toda a sala acompanhados de sal.

RABANETE COM MANTEIGA

vários rabanetes com algumas folhas

manteiga sem sal de boa qualidade
em temperatura ambiente

sal grosso ou flor de sal

Distribua os rabanetes em bandejas, acompanhados de montinhos de manteiga e pequenas porções de sal. Mergulhe o rabanete na manteiga e depois no sal antes de comer.

> **Dica da Kay:** Para dar um toque especial, é possível bater algumas ervas como salsa ou cerefólio e tomilho com a manteiga para acompanhar os rabanetes.

OVO DE CODORNA TEMPERADO

Sofisticado, mas... tão simples! O segredo é deixar a gema com consistência gelatinosa e a clara firme. Recrute pessoas para ajudar a descascar os ovos cozidos e tenha por perto alguns copos com algo bem gelado dentro...

24 UNIDADES

24 ovos de codorna

2 colheres (sopa) de sal marinho

1 colher (chá) de pimenta-do--reino moída na hora

1 colher (chá) de cominho em pó

Verifique os ovos e descarte os que estiverem quebrados ou rachados. Leve água com sal à fervura alta em uma panela funda. Coloque os ovos com cuidado – uso uma escumadeira para isso – e ferva por 2½-3 minutos. Pode ser necessário dividir os ovos em quantidades menores e repetir o procedimento algumas vezes para não encher a panela, algo que diminui a temperatura da água e afeta o cozimento.

Remova os ovos da panela e mergulhe-os imediatamente em um recipiente com água gelada. Deixe esfriar completamente para então descascá-los. Misture o sal, a pimenta e o cominho e sirva-os em montinhos juntamente com os ovos. Se tiver um pouco de sal de cominho, deixe-o em um recipiente e o utilize como condimento – é uma delícia!

Veja a foto da receita
na p. 117

TORTILHA DE BATATA, QUEIJO MANCHEGO E AÇAFRÃO

Delírio dourado em pedaços, trazendo o perfume do açafrão e o calor das noites espanholas para sua casa.

8 PORÇÕES

- 4 ovos
- uma pitada de pistilos de açafrão
- 50 g de queijo manchego ralado na hora
- 75 g de batata
- 2 colheres (sopa) de azeite
- sal marinho e pimenta-do-reino moída na hora

Quebre os ovos em um recipiente, adicione o açafrão e bata ligeiramente. Adicione sal e pimenta a gosto e o queijo. Mexa e reserve.

Coloque as batatas em uma panela com água e um pouco de sal e leve à fervura. Cozinhe por 8-10 minutos, até que estejam APENAS cozidas. Retire a panela do fogo, escorra as batatas e esfrie-as com água corrente. Escorra novamente e reserve para secarem completamente, depois as corte em fatias de 5 mm de espessura.

Aqueça o azeite em uma frigideira com 16 cm de diâmetro e cabo refratário. Adicione as batatas e frite-as por alguns minutos, virando-as de vez em quando, até dourarem e ficarem macias. Pode ser que seja necessário dividi-las em porções e repetir o procedimento.

Despeje os ovos batidos sobre as batatas e deixe fritar, usando uma espátula para virar os cantos e conferir se estão ficando cozidos na parte de baixo.

Quando a parte de baixo e os lados dourarem, e apenas o topo ainda não estiver cozido, coloque a frigideira no forno até dourar e inflar. Deixe esfriar um pouco, depois coloque sobre um prato e polvilhe com um pouco do queijo ralado, se desejar. Corte em cunhas e sirva quente ou fria.

Veja a foto da receita
na p. 112

PEIXES E FRUTOS DO MAR

SALMÃO CURADO COM VODCA E KÜMMEL

Um toque lituano no tradicional gravlax escandinavo. A vodca e o kümmel formam uma combinação deliciosa, e o picles de beterraba confere um azedinho estimulante. Experimente com shots gelados de vodca de boa qualidade, um Gimlet (p. 45) ou o Modern Mad Men (p. 67). Não se esqueça de iniciar a preparação 2 dias antes de servir.

35 CANAPÉS OU 12-16 PORÇÕES MAIORES

1 kg de filé de salmão bem fresco com um corte central

2 colheres (chá) de pimenta-do--reino triturada

½ colher (sopa) bem cheia de semente de kümmel levemente triturada

75 g de sal marinho

75 g de açúcar

75 ml de vodca

20 g de endro picado, mais um pouco para decorar

Para servir:

Picles de beterraba (p. 192) ou cunhas de limão-siciliano

pão de centeio

Corte o filé de salmão transversalmente ao meio, removendo as espinhas, e reserve sobre uma tábua com a pele voltada para baixo.

Coloque a pimenta em um recipiente com as sementes de kümmel, o sal e o açúcar. Adicione a vodca. Espalhe toda a mistura no filé de salmão, pressionando um pouco. Distribua o endro de maneira uniforme sobre o peixe. Junte as duas metades do salmão como se fosse um sanduíche, com a pele para o lado de fora, para que as partes temperadas se toquem. Amarre com um barbante, para que o recheio não escape, e embrulhe o salmão de maneira bem apertada com um pedaço de filme de PVC. Gosto de embalar duas vezes para garantir que fique bem seguro.

Coloque o pacote sobre uma louça, para reter os líquidos que possam soltar, e mantenha-o refrigerado por 48 horas. Você pode colocar um peso em cima do salmão, se desejar. E também pode virá-lo algumas vezes, embora isso não faça tanta diferença.

Desembrulhe o salmão do filme de PVC e enxugue delicadamente o excesso de endro e da mistura de vodca. Coloque o peixe em uma tábua com a pele voltada para baixo e acrescente um pouco mais de endro.

Sirva o salmão com o picles de beterraba e pedaços de pão de centeio. Ou monte canapés cortando o salmão em fatias finas e colocando-o sobre o pão de centeio, cobrindo-o com um pouco de picles. Você também pode servi-lo com cunhas de limão.

PICLES DE BETERRABA

2 beterrabas pequenas cruas raladas

2 colheres (sopa) de vinagre de vinho tinto

2 colheres (sopa) de azeite

sal marinho e pimenta-do-reino moída na hora

Misture todos os ingredientes em um recipiente grande e reserve por 2 horas. Escorra o líquido completamente antes de servir a beterraba ralada com o salmão. O picles pode ser preparado apenas algumas horas antes de ir à mesa.

TERRINA DE CAMARÃO

O que pode ter mais gostinho de praia do que **esses camarões amanteigados**, que, apesar de simples, são deliciosos e repletos de especiarias amadeiradas?

26-32 UNIDADES

160 g de manteiga sem sal
uma boa pitada de noz-moscada ralada
duas pitadas generosas de macis ralado
uma boa pitada de pimenta-de-caiena
1 folha de louro
suco de ½ limão-siciliano
200 g de camarão sete-barbas cozido e descascado
sal marinho e pimenta-branca moída na hora
torradas quentes cortadas em formato triangular, para servir

Em uma panela, derreta a manteiga em fogo baixo até que as partes sólidas comecem a se separar (elas sobem e formam uma espuma branca e sólida). Quando atingir esse ponto, peneire a manteiga clarificada para um recipiente limpo, descartando os resíduos brancos ou sólidos. Reserve 3 colheres (sopa) dessa manteiga e a mantenha quente. Limpe a panela e despeje o remanescente da manteiga clarificada. Adicione os temperos, a folha de louro, o suco de limão e os camarões. Tempere com sal, pimenta-branca e pimenta-de-caiena. Deixe esquentar um pouco, depois retire do fogo imediatamente e mexa bem. Reserve para esfriar um pouco.

Remova a folha de louro, coloque os camarões em um recipiente ou pote e, com a ponta dos dedos, amasse-os com firmeza. Coloque a folha de louro no topo e cubra com a manteiga clarificada reservada. Tampe e refrigere por pelo menos 3 horas. Alguns minutos antes de servir, retire da geladeira. Sirva com triângulos de torrada.

BERBIGÃO E CAMARÃO SETE-BARBAS

Quando pequena, ia com meu avô ao pub Brockley Jack nos sábados de manhã para comer minha cota de frutos do mar *démodé*: berbigões, vieiras, mexilhões... chame-os do que quiser, para mim são pedacinhos deliciosos de marisco servidos com um toque de vinagre de malte e lascas de pimenta-branca. Lindos. Que maravilha descobrir, quando adulta, que esses frutos do mar são um acompanhamento adorável para drinques antes do jantar!

Se tiver copos de papel e garfinhos de coquetel de madeira ou palitos para servir, ***esse petisco ficará ainda mais nostálgico e encantador.***

12-16 PORÇÕES

- 250 g de camarão sete-barbas cozido e descascado
- 250 g de berbigão cozido e sem a concha
- vinagre de malte ou de vinho branco, para servir
- pimenta-branca moída na hora

Distribua igualmente os berbigões e os camarões entre 12-16 copos ou tigelas pequenas. Mergulhe-os em vinagre à vontade e tempere com bastante pimenta-branca. Sirva com garfinhos ou palitos.

Dica da Kay: Pode-se substituir o camarão e o berbigão pela mesma quantidade de mexilhões, vieiras ou búzios. O peso vai variar, mas considere porções de 25 g, em média, por copo ou tigela.

BOLINHO DE SIRI

Não consigo decidir **qual versão de bolinho de siri é a melhor**: a clássica à moda de Maryland ou a um pouco mais cajun. Por isso, essa receita tem um pouquinho de cada.

CERCA DE 36 UNIDADES

- 1 ovo
- 2 colheres (chá) de molho inglês
- ¼ de colher (chá) de mostarda em pó
- 2 colheres (sopa) de maionese
- raspas finas de ½ limão-siciliano
- 1 colher (chá) de suco de limão-siciliano
- ½-1 colher (chá) de pimenta-de-caiena
- 1 colher (sopa) de mostarda de Dijon
- 25 g de manteiga derretida
- 1 colher (sopa) de salsa picada
- 1 colher (chá) cheia de tempero à moda de Maryland*
- 50 g de biscoito salgado
- 500 g de carne de siri
- 4 colheres (sopa) de óleo vegetal
- Maionese de chipotle ou de raiz-forte (p. 198)

Coloque o ovo em uma tigela com o molho inglês, a mostarda em pó, a maionese, as raspas e o suco de limão, a pimenta-de-caiena, a mostarda de Dijon, a manteiga, a salsa, o tempero à moda de Maryland e os biscoitos salgados triturados e misture bem. Adicione delicadamente a carne de siri, tomando cuidado para não soltar os grumos.

Faça cerca de 36 bolinhos e coloque-os em uma assadeira forrada com papel-manteiga. Leve à geladeira por 30 minutos para que fiquem firmes.

Aqueça o óleo em uma frigideira grande e antiaderente e frite alguns bolinhos por vez, por 5-6 minutos, virando-os com cuidado, até dourarem e estarem cozidos. Coloque-os sobre papel-toalha para absorver o excesso de gordura e sirva com garfinhos de coquetel e uma das maioneses – ou as duas! – da p. 198.

Nota: É mais uma confissão do que uma nota, mas a receita funciona perfeitamente bem com carne de siri cozida e congelada (descongele-a antes de usar). Também dá certo preparar metade da receita, então às vezes uso meio pacote do siri para agilizar o jantar.

* O tempero à moda de Maryland é um mix de condimentos secos e moídos. Ele inclui sal com aipo, gengibre, pimenta-do-reino, cravo, alho, grãos de mostarda, tomilho, cebola e pimenta-de-caiena.

Maionese de chipotle
p. 198

MAIONESE DE CHIPOTLE

1 pimenta chipotle no molho adobo

3 colheres (sopa) cheias de maionese de boa qualidade

um dash de suco de limão-siciliano

Coloque um pouco do molho de adobo com a pimenta no liquidificador para obter um purê. Misture 2 colheres (chá) da mistura com a maionese e o suco de limão. Sirva com os bolinhos de siri da p. 196.

MAIONESE DE RAIZ-FORTE

3 colheres (sopa) de maionese de boa qualidade

1-2 colheres (sopa) de raiz-forte ralada

8 pepininhos em conserva picados

1 colher (sopa) de alcaparra lavada

um dash de suco de limão-siciliano

Misture todos os ingredientes e sirva com os bolinhos de siri da p. 196.

SHOT DE CEVICHE

Salgadinho, picante e com um toque de limão, pode ser feito com antecedência e servido rapidamente, o que o torna perfeito para festas, quando você não quer passar um tempão na cozinha e ficar longe dos amigos. ***Além do mais, é um prato moderno e atrevido, então não tem erro!***

12-16 PORÇÕES

250 g de peixe branco de carne firme, sem espinhas e sem pele

250 g de camarão grande cru descascado e picado

200 ml de suco de limão-taiti, mais um pouco para servir

2 dentes de alho bem picados

1 pimenta serrano ou ½ habanero sem sementes e bem picada

3 tomates bem picados

uma boa pitada de orégano desidratado

1 pimentão laranja sem sementes, sem o miolo e cortado em cubos

1 cebola roxa bem picada

4-5 dashes de molho picante, mais um dash extra para servir

2 avocados cortados em cubos

2 colheres (sopa) de coentro picado

sal marinho

cunhas de limão-taiti, para servir

Coloque o peixe e os camarões em um recipiente não metálico e adicione o suco de limão, o alho e a pimenta serrano. Cubra com filme de PVC e leve à geladeira por 2-4 horas, para "cozinhar" no ácido do suco de limão.

Coe o peixe e os camarões por completo e transfira-os para um recipiente limpo. Adicione o tomate, o orégano, o pimentão laranja e a cebola roxa e misture delicadamente. Cubra e leve à geladeira por mais 20 minutos.

Prove o ceviche e adicione mais um dash de suco de limão, um pouco de sal e molho de pimenta, a gosto. Acrescente o avocado e o coentro e mexa com delicadeza. Divida a mistura entre os copos de shot e sirva com cunhas de limão e mais molho de pimenta.

Veja a foto da receita na p. 89

TORTA DE SIRI, AÇAFRÃO E GRUYÈRE

Essa é, basicamente, uma quiche que cresceu e mudou de país. Sofisticada, cremosa e com um toque aromático de açafrão, é melhor servi-la em temperatura levemente acima da ambiente – jamais fria! – para manter ***um pouquinho do calor e da ginga***.

12 PORÇÕES

2 ovos, mais uma gema batida levemente

200 ml de creme de leite fresco

uma pitada de noz-moscada ralada

uma boa pitada de pistilos de açafrão

170 g de carne de siri cozida e congelada (descongele-a antes de usar)

100 g de gruyère ralado na hora

sal marinho e pimenta-do-reino moída na hora

Massa:

225 g de farinha de trigo

110 g de manteiga sem sal gelada

1 copo pequeno de água gelada

Preaqueça o forno a 190°C e unte uma assadeira com fundo removível (redonda: 20 cm de diâmetro; retangular: 36 cm x 12 cm).

Para fazer a massa, peneire a farinha em um recipiente. Corte a manteiga, que deve estar gelada, em pedaços pequenos e acrescente-os à farinha. Amasse com os dedos até que fique com a aparência de farofa. Adicione uma boa pitada de sal e mexa. Despeje água gelada aos poucos, uma colher por vez, até que a massa esteja no ponto; se colocar água demais, a massa ficará dura.

Distribua a massa sobre a assadeira, apertando-a com as juntas dos dedos, até que a base e os lados da fôrma estejam cobertos por igual. Forre a massa com papel-manteiga e espalhe feijões para dar peso, o que evita bolhas ou alterações na massa. Asse por cerca de 10 minutos. Remova os feijões e o papel e recoloque a massa no forno por mais 5 minutos. Reserve e deixe esfriar.

Para fazer o recheio, misture os ovos e a gema, o creme de leite fresco, a noz-moscada e o açafrão em um recipiente grande e tempere com sal e pimenta. Bata a mistura com um mixer elétrico para que fique bem homogênea e deixe descansar por 20 minutos. Bata novamente e adicione o siri e o queijo aos poucos e com cuidado.

Despeje o recheio sobre a massa e asse por 30-40 minutos, até a massa dourar e o recheio crescer. Sirva em temperatura ambiente ou morna.

ANCHOIADE DE FIGO

Essa receita é baseada em um delicioso dip que ficou famoso graças a Austin de Croze, escritor francês de gastronomia do início do século XX. **É mágica!**

12-16 PORÇÕES

- 5 figos secos
- 1 pimentão vermelho
- 110 g de anchova conservada em azeite escorrida
- 3 dentes de alho descascados
- 20 g de amêndoa branqueada
- 75 g de nozes
- um punhado de salsa
- um punhado de coentro
- ½ colher (chá) de sementes de erva-doce
- suco de ½ limão-siciliano
- ½ pimenta apache ou 1 pimenta-malagueta pequena
- 150 ml de azeite extravirgem
- 1-2 colheres (chá) de água de flor de laranjeira
- 1 tampa de Pastis ou licor de anis
- pimenta-do-reino moída na hora
- torradas ou legumes em palitos, para servir

Mergulhe os figos em um recipiente com água quente por cerca de 10 minutos para reidratá-los. Segure o pimentão sobre a chama do fogão, virando-o de vez em quando, até que esteja queimado por igual. Transfira-o para um recipiente, cubra com filme de PVC e reserve por cerca de 30 minutos – o vapor vai facilitar a remoção da pele.

Quando estiver frio o suficiente para manusear, remova com cuidado a pele do pimentão e também as sementes e o miolo.

Coloque o restante dos ingredientes, exceto o azeite e a água de flor de laranjeira, em um liquidificador ou processador de alimentos e bata até obter uma mistura homogênea. Adicione o azeite aos poucos, mas de forma constante e com o liquidificador ligado, até ficar bem misturado. Tempere com pimenta-do-reino e adicione a água de flor de laranjeira, uma colher por vez. Prove para que não fique muito perfumado.

É isso! Deixe a anchoiade descansar em temperatura ambiente antes de servir, com triângulos de torrada ou legumes variados cortados em palitos. Tampada e refrigerada, dura 5 dias – e o sabor dela é realçado com o tempo.

STAMP 'N' GO

É comum que esse bolinho de bacalhau jamaicano seja servido, talvez com banana frita, no café da manhã, mas ele é também um **petisco de primeira**, em especial quando acompanhado de seu molho picante favorito!

24 UNIDADES

250 g de bacalhau ou outro peixe salgado

125 g de farinha de trigo

1 colher (chá) de fermento em pó

uma pitada generosa de sal marinho

200 ml de leitelho*

1 ovo grande batido

20 g de manteiga derretida

4 cebolinhas grandes picadas finamente

½-1 pimenta Scotch bonnet sem sementes e picada finamente

2 colheres (sopa) de óleo vegetal

pimenta-do-reino moída na hora

molho de pimenta, para servir como dip

Mergulhe o peixe em um recipiente grande com água morna e deixe-o por pelo menos 2 horas, para amaciar e dessalgar. Note que esse procedimento pode levar mais tempo, dependendo do quão duro e salgado seja o peixe. Escorra o líquido e lave o peixe. Coloque-o em uma panela com água suficiente para cobri-lo. Cozinhe por 5 minutos, até amaciar. Limpe o peixe, removendo a pele e as espinhas.

Peneire a farinha, o fermento e o sal em um recipiente. Em outro, misture o leitelho, o ovo e a manteiga e adicione-os aos ingredientes secos. Acrescente o peixe, a cebolinha e a pimenta, tempere com pimenta-do-reino e misture bem.

Aqueça o óleo em uma frigideira antiaderente em fogo alto. Com o auxílio de uma colher, faça bolinhos e coloque-os, aos poucos, na frigideira. Frite-os até dourar por igual. Coloque-os sobre um papel-toalha para absorver o excesso de óleo e sirva com um pote de molho de pimenta para mergulhar o peixe nele.

* O leitelho (*buttermilk*) não é encontrado industrializado no Brasil. Para prepará-lo em casa, a proporção é de 1 colher (sopa) de limão ou vinagre branco para cada xícara (chá) de leite. Deve ser feito pelo menos 10 minutos antes de ser utilizado na receita.

1
2

ABASCO

OSTRA NA MEIA CONCHA COM DOIS MIGNONETTES

Para que mexer com a perfeição? Não há nada melhor que uma ostra salgadinha, cremosa e incrivelmente fresca servida apenas com uma cunha de limão e um pouco de tabasco, ou com um dos molhos mignonettes a seguir – ou mesmo os dois! A propósito, é imprescindível lembrar que **as ostras devem ser muito frescas, sempre.** Se você se sentir confortável para abri-las, compre-as inteiras de um peixeiro ou mercado de confiança, mas é muito importante ter uma faca apropriada. Caso contrário, peça ao vendedor para abri-las antes de levá-las para casa. Cada molho é suficiente para 24 ostras. Experimente ambos e decida qual é o melhor!

1 MIGNONETTE SIMPLES

Um clássico absoluto para acompanhar ostras: acrescente quanto quiser. Fique à vontade para trocar o vinagre recomendado por um de seus favoritos ou para combinar mais de um. Vinagre de xerez fica divino com um pouco de salsa, e o de arroz fica ótimo com um pouco de wasabi.

75 ml de vinagre de vinho tinto

3 colheres (sopa) de echalota bem picada

½-1 colher (chá) de pimenta-do-reino moída na hora

uma pitada de sal

Misture os ingredientes e deixe curtir por pelo menos 2 horas antes de servir.

2 MIGNONETTE DO MEE

Receita de Somjai Kliangklom, meu amigo do sul da Tailândia, de onde vêm as ostras mais deliciosas que já comi. Essa cobertura é incrível – e mais elaborada que um molho. Um aviso: é MUITO ardida, então ***tire as sementes da pimenta para diminuir a ardência, se desejar***.

5-8 pimentas olho de pássaro (ou Scotch bonnet, ou malagueta, ou piripiri]

3 dentes de alho grandes descascados

2 colheres (sopa) de açúcar

1 colher (chá) de molho de peixe tailandês (nam plá)

suco de 1-2 limões-taiti

Para acompanhar:

óleo, para fritar

2 echalotas cortadas em fatias finas

4 dentes de alho bem fatiados

2 limões-taiti cortados em cunhas sem as membranas

2-4 ramos de leucena ou de coentro

2-3 cebolinhas cortadas em fatias finas

Use um pilão e um almofariz para macerar a pimenta e o alho até obter uma mistura homogênea. Adicione o açúcar e soque mais um pouco. Coloque o molho de peixe e o suco de um limão, mexa bem e prove o molho, acrescentando mais suco de limão, se necessário. Reserve.

Aqueça o óleo em um wok ou frigideira em fogo médio. Quando estiver quente, frite as echalotas e o alho, até dourarem e ficarem crocantes. Coloque-as sobre papel-toalha para absorver o excesso de óleo.

Regue as ostras com um fio do mignonette e sirva-as com um pouquinho de cada ingrediente.

Nota: A leucena pode ser encontrada em bons mercados de produtos orientais. É uma erva extraordinária e fica deliciosa como acompanhamento de mariscos.

Veja a foto das receitas
na p. 204

OVO ENDIABRADO COM SALMÃO DEFUMADO E ENDRO

O que pode ser mais retrô do que um ovo endiabrado? Eu fazia dúzias desses ovos com uma amiga de minha mãe, Shirley, para sua festa de Natal anual. Essa é uma versão atualizada: salmão defumado com mostarda e endro. ***Bem endiabrado mesmo!***

24 UNIDADES

- 12 ovos cozidos frios e descascados
- 4 colheres (sopa) de sour cream
- 3 colheres (chá) de mostarda inglesa
- 1 colher (chá) de raiz-forte ralada
- 1 colher (sopa) de suco de limão-siciliano
- 1 colher (sopa) de endro bem picado, mais um pouco para decorar
- 25-30 g de salmão defumado cortado em 24 pedaços
- sal marinho e pimenta-do-reino moída na hora

Corte os ovos ao meio, no sentido do comprimento. Remova as gemas com cuidado, coloque-as em um recipiente grande e organize as claras em uma bandeja.

Acrescente o sour cream, a mostarda, a raiz-forte e o suco de limão às gemas e amasse tudo muito bem. Tempere com sal e bastante pimenta. Adicione, aos poucos e mexendo, o endro. Prove e acerte o tempero, se necessário. Se achar que está seco, acrescente um pouco mais de sour cream.

Recheie as claras com o auxílio de uma colher. Finalize com um pedaço de salmão defumado, o endro e a pimenta-do-reino moída na hora.

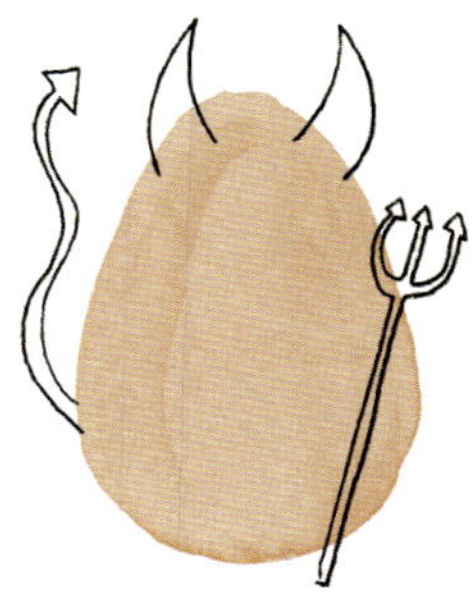

CARNES E AVES

CESTINHA DE ALFACE

Apimentados, azedinhos e aromáticos, esses petiscos são perfeitos para acompanhar drinques **e abrir o apetite** antes do jantar.

24-30 UNIDADES

- 500 g de carne magra de pato, desossada, sem pele e bem picada ou moída
- 2 colheres (sopa) de molho de peixe tailandês (nam plá)
- 3 colheres (sopa) de suco de limão-taiti
- ½-1 colher (chá) de pimenta vermelha em pó
- 2 echalotas cortadas em fatias finas
- 1-2 colheres (sopa) de arroz frito moído (ver nota ao lado)
- um punhado de folhas de hortelã picadas
- 1 talo de capim-limão aparado e picado em fatias finas (opcional)
- 24-30 folhas pequenas de alface-romana
- cunhas de limão, para servir

Leve uma panela com água à fervura em fogo médio e acrescente o pato. Deixe ferver novamente e cozinhe de acordo com sua preferência: leva apenas 1-2 minutos para o pato ficar rosado e um pouquinho mais de tempo para ficar bem passado. Leve em consideração o fato de que as pessoas às vezes comem pato cru!

Transfira-o para um recipiente grande e adicione o molho de peixe, o suco de limão, a pimenta vermelha em pó, a echalota, o arroz moído, a hortelã e o capim-limão, se desejar. Misture bem.

Disponha as folhas de alface-romana em um prato grande, coloque a mistura dentro de cada uma com o auxílio de uma colher e sirva ainda quente, se possível, com as cunhas de limão.

Nota: Para preparar o arroz frito moído, pegue um punhado de arroz oriental cru (ou arroz de jasmim tailandês), coloque-o em um wok ou frigideira em fogo baixo. Deixe o arroz tostar, mexendo-o o tempo todo, até que libere um odor de nozes e fique corado. Use um moedor de temperos ou de café ou mesmo um pilão e um almofariz para moê-lo. Armazene-o em um pote e use conforme necessário.

PATÊ DE FÍGADO DE FRANGO COM MAÇÃ, SÁLVIA E CALVADOS

Cremoso e com **toque de maçã**, é sucesso garantido em qualquer evento. Sirva com triângulos de torradas ou fatias de baguete.

24 PORÇÕES

750 g de fígado de frango

200 g de manteiga

2 colheres (sopa) de azeite

4 maçãs (cox ou fuji) descascadas, sem sementes e cortadas em pedaços

8 folhas de sálvia cortadas, mais 2 para decorar

4 colheres (sopa) de Calvados ou conhaque

250 ml de creme de leite fresco

sal marinho e pimenta-do-reino moída na hora

Para servir:

fatias de baguete

pepininhos em conserva ou picles de cebola

Limpe bem o fígado e retire dele toda a gordura. Corte-o em pequenos pedaços e reserve.

Aqueça 50 g de manteiga e metade do azeite em uma frigideira antiaderente em fogo médio, até que a manteiga forme espuma, e adicione as maçãs. Frite-as por 5-10 minutos, até dourarem e ficarem macias. A colher de pau deve cortá-las com facilidade. Transfira para um prato e reserve.

Tempere o fígado. Aqueça 50 g de manteiga e o restante do azeite na frigideira e, quando estiver bem quente, adicione o fígado. (Dependendo do tamanho da frigideira, será necessário dividir o fígado em porções e repetir a operação algumas vezes.) Cozinhe-o por completo (nada de fígado rosado nessa receita!), o que deve levar 10-15 minutos. Espete os pedaços com frequência com um garfo para extrair o suco.

Coloque as maçãs de volta na frigideira, acrescente a sálvia e misture bem. Deixe aferventar. Adicione mais 25 g de manteiga e continue mexendo até derreter e ferver.

Adicione cuidadosamente metade da medida do Calvados e flambe, com o auxílio de um palito de fósforo aceso. Retire do fogo e deixe as chamas se apagarem.

Deixe esfriar por 5-10 minutos. Transfira a mistura para um liquidificador ou processador de alimentos e bata, adicionando o creme de leite fresco lentamente, com o motor ligado. Pare de vez em quando para raspar as laterais e verificar a consistência – é necessário ficar cremoso, mas consistente. Acrescente o restante do Calvados e faça o liquidificador pulsar ou bata rapidamente. Tempere com sal e pimenta a gosto.

Coloque o patê em uma vasilha ou em um pote com tampa e espere esfriar antes de cobri-lo com um círculo de papel-manteiga. Leve à geladeira para esfriar. Quando estiver frio, derreta o que restou da manteiga em uma panela pequena e reserve, até que os resíduos sólidos brancos se depositem no fundo. Disponha 2 folhas de sálvia artisticamente no meio do patê, cubra-o com a manteiga clarificada, descartando os resíduos sólidos brancos que ficaram no fundo da panela. Cubra e leve à geladeira até que esteja pronto para servir. O patê tem validade de 4-5 dias.

Dica da Kay: Essa receita também funciona para quantidades iguais de fígado de pato, pera e licor Poire William.

CRISP DE PARMESÃO COM CARPACCIO E RÚCULA

Discos de queijo crocantes, salgados e de sabor acentuado cobertos com carne e finalizados com um **intenso creme de raiz-forte**: esses aperitivos são perfeitos para acompanhar drinques mais secos, como Martíni, Vesper ou uma taça de champanhe...

24 UNIDADES

- 250 g de carne bovina
- 1 colher (sopa) de azeite
- um bom punhado de rúcula
- sal marinho e pimenta-do-reino moída na hora
- cunhas de limão-siciliano, para servir

Crisp de parmesão:

125 g de parmesão ralado na hora

raspas finas de 1 limão-siciliano

1-2 colheres (chá) de folhas de tomilho

Creme de raiz-forte:

2 colheres (chá) de raiz-forte ralada

4 colheres (chá) de sour cream

um pouco de suco de limão-siciliano espremido

Para fazer os crisps de parmesão, preaqueça o forno a 180°C. Coloque todos os ingredientes em um recipiente, tempere com pimenta-do-reino e mexa delicadamente, até que os ingredientes tenham se misturado. Forre uma assadeira com papel-manteiga e unte-o. Disponha um cortador de massa de diâmetro de 6,5 cm sobre a assadeira e deposite sobre ele 1 colher (sopa) cheia de massa de queijo. Nivele um pouco o queijo, mas não o achate muito. Repita o procedimento para fazer os 24 crisps, deixando um espaço entre eles na assadeira.

Asse-os por 4-6 minutos, até dourarem e derreterem. Mas tome cuidado para não queimá-los. Transfira-os para uma grade para esfriarem e reserve-os até o momento de servir, ou guarde-os em um recipiente hermético de um dia para o outro.

Para preparar a carne, aqueça uma frigideira canelada ou frigideira convencional antiaderente em fogo quente, espalhe azeite nos dois lados da carne e tempere com sal e pimenta. Grelhe por 2-3 minutos de cada lado, até que esteja selada por fora, mas rosada por dentro. Transfira-a para um prato e deixe esfriar por 10-15 minutos, depois leve-a à geladeira até esfriar completamente. Isso facilitará o fatiamento da carne.

Para fazer o creme de raiz-forte, coloque todos os ingredientes em um recipiente pequeno, tempere com sal e pimenta e misture bem.

Para montar os petiscos, corte a carne em fatias bem finas. Coloque uma fatia enrolada sobre cada crisp de parmesão e finalize com um pouco de creme de raiz-forte e algumas folhas de rúcula. Sirva acompanhado de cunhas de limão.

Veja a foto da receita
na p. 39

TORRESMO COM ALECRIM E ERVA-DOCE

Esse torresmo não tem nada a ver com aqueles destruidores de dentes servidos em bares. A pele do porco deve estar bem sequinha, porque se houver qualquer traço de umidade, NÃO ficará crocante. Gosto de secá-la completamente e deixá-la destampada na geladeira de um dia para o outro. O torresmo deve ser servido ainda quente, assim que retirado do forno – **crocante, aromático e salgado**! É o acompanhamento perfeito para um drinque gelado.

24 UNIDADES

2 pedaços de pele de porco (cerca de 25 cm x 25 cm, no total) com a gordura e incisões na superfície

1 ramo grande de alecrim

1 colher (chá) de sementes de erva-doce

½-1 colher (sopa) de azeite

uma pitada generosa de sal marinho

Preaqueça o forno a 200°C. Apare a gordura (na parte de trás da pele) para obter uma camada uniforme com espessura de 5-10 mm.

Espalhe as folhas de alecrim sobre o fundo de uma assadeira com as sementes de erva-doce. Por cima, coloque os pedaços de pele, com a gordura voltada para baixo. Adicione o azeite, esfregando-o dentro das incisões. Repita o mesmo procedimento com o sal.

Asse os pedaços durante 35 minutos e verifique se estão crocantes. Se não estiverem, remova o excesso de gordura deles e leve-os de novo ao forno por mais 5-10 minutos. Coloque-os sobre uma grade forrada com papel-toalha. Quando ficarem com boa temperatura para manusear, quebre-os em tiras. Sirva imediatamente.

Veja a foto da receita na p. 41

CARRÉ DE CORDEIRO COM SALSA VERDE

Essa é a opção perfeita para uma reunião com poucas pessoas. Peça ao açougueiro para fazer o corte francês, assim seus convidados terão mais uma "alça" de osso para segurar. ***Prepare a salsa verde com algumas horas de antecedência para os sabores se misturarem.***

24-32 PORÇÕES

4 carrés de cordeiro, com 6-8 costeletas por carré

2 colheres (sopa) de azeite

sal marinho e pimenta-do-reino moída na hora

Salsa verde:

5-8 dentes de alho

30 g de anchova conservada em azeite escorrida

2 colheres (sopa) de alcaparra

um punhado de salsa

um punhado de hortelã

um punhado de manjericão

suco de 1 limão-siciliano

1 colher (sopa) de vinagre de vinho tinto

6-8 colheres (sopa) de azeite

Primeiro prepare a salsa verde. Coloque os ingredientes em um liquidificador ou processador de alimentos e pulse até formar um molho, ou use um pilão e um almofariz – nesse caso, comece amassando o alho. Pique a anchova e adicione-a ao almofariz com o alho amassado. Pique a alcaparra e as ervas. Adicione tudo ao almofariz e moa, para formar uma pasta de anchova e alho. Acrescente o suco de limão, o vinagre e 6 colheres (sopa) de azeite e mexa até obter um molho emulsificado, colocando mais azeite se necessário. Tempere com sal e pimenta a gosto.

Besunte o carré de cordeiro com um pouco do azeite, depois tempere muito bem com pimenta. Deixe descansar por cerca de 30 minutos.

Preaqueça o forno a 200°C. Aqueça o restante do azeite em uma frigideira grande em fogo médio. Tempere a carne com sal e frite-a, um carré de cada vez, até que todos os lados estejam selados. (Não se esqueça das extremidades!) Coloque todos os carrés na assadeira, com a gordura voltada para cima, e asse por 15-30 minutos, dependendo do peso. O ponto não deve ser completamente cozido, mas suculento e um pouco rosado.

Transfira para um prato morno e deixe descansar por 8-10 minutos. Corte as costeletas separando umas das outras e sirva com a salsa verde.

ASA DE FRANGO CARAMELADA PICANTE

Sempre favoritas, as **asas adocicadas** têm um toque marcante de pimenta e coentro. Só não esqueça os guardanapos – haverá muitos dedos sujos!

40 UNIDADES

- 20 asas de frango
- 1 colher (sopa) de óleo vegetal
- 2 colheres (sopa) de molho tarê
- 2 colheres (sopa) de molho de soja light
- 2 colheres (sopa) de açúcar de confeiteiro
- 4-6 dentes de alho bem picados
- ½ colher (sopa) de sementes de coentro trituradas
- um dash de molho de peixe tailandês (nam plá; opcional)
- pimenta-branca moída na hora
- Dip tailandês de amendoim, para servir (p. 169)

Corte as asas de frango nas três juntas e descarte as pontas ou guarde-as para fazer caldo de frango. Coloque os quarenta pedaços restantes em um recipiente grande.

Disponha todos os demais ingredientes em outro recipiente e misture-os. Despeje a mistura sobre o frango e cubra bem os pedaços. Deixe marinar por, pelo menos, 1 hora.

Preaqueça o forno a 200°C. Distribua os pedaços de frango em uma assadeira e asse-os por cerca de 30 minutos, virando uma vez, até que estejam totalmente cozidos.

Devem ficar melados e deliciosos. Sirva com o Dip tailandês de amendoim (p. 169).

FRANGO COM MOLHO JERK E PAPARI COM SALSA DE MANGA

Um pouquinho do sol do Caribe em sua casa. Mas cuidado: **é bem ardido!**

26-30 UNIDADES

- 250 g de coxa ou peito de frango sem osso e sem pele
- 1-2 colheres (sopa) de marinada jerk
- um pouco de suco de limão-taiti espremido
- 26-30 pães do tipo papari [ou chapati] pequenos

Salsa de manga:

- 100 g de manga madura picada
- ½ cebola roxa pequena bem picada
- 1 colher (sopa) de coentro picado
- 1 pimenta-malagueta sem sementes e picada (opcional)
- suco de ½ limão-taiti
- uma pitada de sal marinho

Coloque os pedaços de frango em um recipiente grande, acrescente a marinada jerk e o suco de limão e deixe por 1 hora.

Preaqueça o forno a 180°C. Transfira o frango para uma assadeira e asse por 20-25 minutos, ou até que esteja completamente cozido. Reserve para esfriar.

Faça a salsa misturando delicadamente todos os ingredientes e reserve. Disponha os paparis em uma bandeja. Corte o frango em cubos de 1 cm e distribua um pouco sobre cada pão. Cubra com um pouco de salsa de manga. Sirva imediatamente.

* O jerk é um tempero jamaicano que pode ser feito com 4 colheres (sopa) de pimenta-da-jamaica em pó, 1 colher (sopa) de tomilho seco, 1 colher (sopa) de páprica, 1 colher (sopa) de pimenta vermelha em pó, 1 colher (chá) de cebola em pó e ½ colher (chá) de pimenta-do-reino em pó. Para a marinada, coloque 2 colheres (sopa) de azeite e suco de ½ limão-siciliano com o tempero.

Dica da Kay: O importante é experimentar a marinada antes de usá-la na receita. Essa é a única maneira de avaliar a intensidade da pimenta e acrescentar outro molho picante, se desejar. Isso também ajuda a decidir por usar ou não pimenta-malagueta na salsa.

Veja a foto da receita na p. 90

LIVROS

American Bar, Charles Schumman, 1995
Casino Royale, Ian Fleming, 1953
Cocktails: How To Mix Them, Robert Vermeire, 1922
Cosmopolitan: A Bartender's Life, Toby Cecchini, 2004
Harry's ABC of Mixing Cocktails, Harry MacElhone, 1922
The Savoy Cocktail Book, Harry Craddock, 1930

Just Another Tequila Sunrise, blog de Jeff Burkhart para o National Geographic Assignment (ngablog.com). Acesso em 7 de fevereiro de 2012.

FILMES

À beira do abismo (Howard Hawks, 1946)
Feitiço havaiano (Norman Taurog, 1961)
Casablanca (Michael Curtiz, 1942)
Casino Royale (Martin Campbell, 2006)
No sul do Pacífico (Joshua Logan, 1958)
Um amor de professora (George Seaton, 1958)
A ceia dos acusados (W.S. Van Dyke, 1934)

Mad Men (série de TV criada por Matthew Weiner), 7 temporadas, 2007-2015

Fine and Dandy (musical de Kay Swift) montado na Broadway pela primeira vez em 1930

GLOSSÁRIO

Dash: pequena quantidade de líquido viscoso (não apenas bebida, mas tabasco ou molho inglês, por exemplo) usada para realçar sabores. Equivale a 0,8-1 ml, aproximadamente.

Splash: pequena quantidade de líquido, menos viscoso que o do dash, também utilizada para destacar sabores. Equivale a 2-4 ml, aproximadamente.

Tipos de gelo: os mais comuns são (1) gelo de bar ou simplesmente gelo (*bar ice* ou *ice*): pedras de gelo que variam entre 25 e 50 ml usadas em long drinks e coqueteleiras; (2) gelo britado (*crushed ice* ou *shaved ice*): utilizado em drinques que requerem diluição maior e mais rápida; (3) gelo quebrado ou gelo partido (*cracked ice*): usado quando a diluição ideal para o drinque encontra-se entre os dois tipos anteriores; bartenders geralmente os quebram com socadores ou com as costas de uma bailarina, e (4) gelo grande (*big ice*): usado em drinques mais fortes, sua grande massa mantém a bebida gelada por mais tempo e sua pequena superfície de contato relativa garante baixíssima diluição; muitos bartenders usam, além de cubos, peças de gelo moldadas em esferas ou esculpem formas como diamantes em blocos maciços de gelo.

Twist: tira da casca das frutas cítricas que é prensada sobre o drinque a fim de liberar pequenos jatos de óleos essenciais sobre a bebida; em seguida, a tira é torcida e depositada no copo de servir.

NOTA DO EDITOR

Apesar de todos os cuidados tomados na elaboração das receitas deste livro, os editores não se responsabilizam por erros ou omissões decorrentes da preparação dos pratos.

Pessoas com restrições alimentares, grávidas e lactantes devem consultar um médico especialista sobre os ingredientes de cada receita antes de prepará-la.

As fotos deste livro podem conter acompanhamentos ou ingredientes meramente ilustrativos.

Observações, exceto se orientado de outra forma:
- Use sempre ingredientes frescos
- O forno deve ser preaquecido na temperatura indicada na receita

Equivalência de medidas:
- 1 colher (chá) = 5 ml
- 1 colher (sopa) = 15 ml
- 1 xícara (chá) = 250 ml

Fôrmas:
* As dimensões das fôrmas indicadas neste livro podem não corresponder com as disponíveis no Brasil. Caso não encontre, procure medidas aproximadas, sem diferenças muito grandes.

ÍNDICE

Título original: *Make Mine a Martini*

Publicado originalmente na Grã-Bretanha em 2014 por Mitchell Beazley, uma divisão da Octopus Publishing Group, Endeavour House, 189 Shaftesbury Avenue, WC2H 8JY Londres, Inglaterra

Coordenação do projeto: Publifolha
Editora-assistente: Fabiana Grazioli Medina
Coordenadora de produção gráfica: Mariana Metidieri
Produtora gráfica: Samantha R. Monteiro

Produção editorial: A2
Coordenação: Sandra R. F. Espilotro
Tradução: Thais Giammarco
Consultoria de culinária: Luana Budel
Consultoria de coquetelaria: Thiago Lopes
Preparação de texto: Carla Fortino
Revisão: Ana Tereza Clemente, Carmen T. S. Costa
Editoração eletrônica: A2

Edição original: Octopus Publishing Group
Publisher: Alison Starling
Editor: Alex Stetter
Design: Julietlte Norsworthy
Fotografia: Kate Whitaker
Ilustração: Abigail Read
Assistente de gerência de produção: Caroline Alberti

Dados Internacionais de Catalogação na Publicação (CIP)
(Câmara Brasileira do Livro, SP, Brasil)

Plunkett-Hogge, Kay
Drinques e comidinhas : 130 receitas para festejar com estilo / Kay Plunkett Hogge ; [tradução Thaís Giammarco]. -- São Paulo : Publifolha, 2015.

Título original: Make mine a martini.
ISBN 978-85-68684-14-6

1. Coquetéis 2. Coquetéis : Receitas : Culinária 3. Gastronomia I. Título.

15-07232 CDD-641.874

Índices para catálogo sistemático:
1. Coquetéis : Receitas : Culinária 641.874

Este livro segue as regras do Acordo Ortográfico da Língua Portuguesa (1990), em vigor desde 1º de janeiro de 2009.

Impresso na China

PUBLIFOLHA
Divisão de Publicações do Grupo Folha
Al. Barão de Limeira, 401, 6º andar
CEP 01202-900, São Paulo, SP
Tel.: (11) 3224-2186/2187/2197
www.publifolha.com.br

AGRADECIMENTOS DA AUTORA

Em primeiro lugar, muito obrigada a Alison Starling, Juliette Norsworthy, Alex Stetter e à Governanta (também conhecida como Denise Bates): simplesmente o melhor time editorial que já existiu.

Agradeço à Kate e à sua assistente Badger pelas lindas fotos, à Abi, que parece ter entrado em minha mente e capturado exatamente o que imaginei para as ilustrações, e a Liz Belton.

Muito obrigada a todos os meus brilhantes colaboradores, por me permitirem utilizar suas receitas, por ordem de aparição: James Bond e ao espólio de Ian Fleming por liberar minhas citações de *Casino Royale*; Tom Williams; Ian Kittichai e Sarah Chang e todo o time da Hyde and Seek, Bancoc; Chris van Hoy e Julia Travis, da Kin Shop, Manhattan; Michel Dozois; Bricia Lopez e Guelaguetza, Los Angeles; Luca Massaglia, Jeremy Lee e Eddie e Sam Hart do Quo Vadis, Londres; Jarret Wrisley da Soul Food Mahanakorn, Bancoc; Julian Cox, Ricardo Zarate, Stephane Bombet e a toda a equipe do Picca, Los Angeles; Vince e Jen Jung do meu querido Formosa Cafe, Los Angeles; Khun Sompong e seus sucessores no Bar Bamboo do Oriental Hotel, Bancoc; Mark Hix e equipe do The Fish and Oyster House, Lyme Regis; Nick Cuthbert; Khun Jao Fa e a todo o pessoal do Hotel Tamarind Village, Chiang Mai.

Não dá para cozinhar bem sem bons fornecedores, por isso também quero agradecer a Chris, Clarence e à equipe toda do The Parson's Nose, Putney; a Dodie da Cool Chile Company; a Luis e Oscar da MexiTrade; a Donna e Geoff da Chang Beer, pelo Mekhong e pelo SangSom; The Barnes Fish Shop; Gerry's Wine and Spirits, nos quais você consegue comprar praticamente tudo; The Whisky Exchange, pelas entregas em prazos impossíveis de cumprir; KitchenAid, pelos utensílios maravilhosos, e Joe Keeper, do Bar Keeper, Los Angeles, pelos copos e pelos extraordinários acessórios de bar.

E, finalmente, obrigada a minha família querida, pelo enorme apoio; Felicity Blunt e Jo Wander, meus adoráveis e chiquíssimos agentes; à cheirosa Lindsay Stewart, da Fab Communications; aos Octopi, que se sujeitaram a uma noite de drinques e petiscos por culpa da Alison e a uma manhã repleta de Alka Seltzer por sua própria conta e risco; a Alison Kwee, da Wagstaff Worldwide; Jo Harris, da Hix; Claudine Triolo do Tamarind Village; Jessica Smith da Ann Scott Associates e, por último, mas não menos importante, ao Freddie – veja só aonde aquela noite regada a Martíni há tantos anos nos trouxe!

SOBRE A AUTORA

Kay-Plunkett-Hooge nasceu e cresceu em Bancoc, de onde trouxe suas primeiras referências culinárias, além das influências ocidentais dos pais ingleses. Trabalhou como agente de modelos em Nova York e Londres e produtora de cinema em Bancoc e Los Angeles. É co-autora de vários livros de culinária, entre eles *The Tucci Table* em parceria com o ator Stanley Tucci. Ela também presta consultoria para restaurantes, escreve para publicações como *Fork Magazine* e *The Telegraph* e participa com frequência de programas matinais da BBC Londres e rádios locais. Atualmente, mora em Londres. Seu livro *Drinques e comidinhas* (Publifolha) foi considerado o livro do ano na categoria bebidas pelo jornal *The Financial Times*, em 2014.